# Monika und Erhard Hirmer

# Deutsch
## PLUS

## 5. Jahrgangsstufe

## Band 2

# LESEN
## Texte und weitere Medien

umweltfreundlich
auf chlorfreiem Papier

© pb-verlag · München · 2017
ISBN 978-3-89291-441-9

# Inhaltsverzeichnis

# Lesen – *Texte und weitere Medien*

## I. Lesetechniken und -strategien

## II. Literarische Texte verstehen und nutzen

## III. Sachtexte verstehen und nutzen

## IV. Weitere Medien verstehen und nutzen

## Hörmedien

Die angeführten Hörbeispiele werden **verlagsunabhängig** her- und unter *www.goo.gl/u8wRLj* (Youtube) bereitgestellt.

## THEMA

# Ausdrucksstarkes Vorlesen
### Die Zuhörer begeistern

## KOMPETENZERWARTUNGEN

- Texte sinnbetont vorlesen
- Auf Wortbetonung, Sprechpause und passende Klangfarbe der Stimme achten
- Beim Vorlesen auch – angemessen – die Körpersprache einsetzen
- Textsorten kennenlernen und benennen

## ARBEITSMITTEL/FUNDSTELLEN

2 Arbeitsblätter, Folie
Texte zum Training (verschiedene Textsorten)

**Hörmedien** unter: www.goo.gl/u8wRLj
- *Ausdrucksloses Vorlesen (S. 5)*
- *DAU (S. 4)*

**Links:**  (Stand: August 2017)

www.quizfragen4kids.de/deutsch/Sinnbetont-vorlesen.html
www.youtube.com/watch?v=xD81QaldpKU
www.youtube.com/watch?v=tuOUF3TAZEY
www.zebis.ch/download/unterrichtsmaterial/lesen_wie_ein_profi.pdf

Wir haben keinerlei Einfluss auf die Gestaltung und die Inhalte der gelinkten Seiten und übernehmen keine Haftung für die Seiten, auf die verwiesen wird.

## FOLIENBILD zur Hinführung

# VORLESETEXT Ausdrucksvolles Rollenlesen/-sprechen

## Herr Kurz braucht Hilfe!

Kurz:     \<verzweifelt\> Guten Tag, mein Name ist Kurz. Ich habe ein Problem mit meinem Computer.

Hotline: \<beruhigend\> Welches denn, Herr Kurz?

Kurz:     Auf meiner Tastatur fehlt eine Taste.

Hotline: Welche denn?

Kurz:     \<ungläubig\> Die **Eniki**-Taste!

Hotline: \<interessiert\> Wofür brauchen Sie denn die Taste?

Kurz:     Das Programm verlangt die Taste! Die kenne ich gar nicht, aber es will, dass ich die Eniki-Taste drücke!

Hotline: \<streng\> Herr Kurz, was steht auf Ihrem Monitor?

Kurz:     \<verwirrt\> Eine Blumenvase!

Hotline: \<lachend\> Nein, ich meine, lesen Sie mal vor, was auf Ihrem Monitor steht.

Kurz:     \<stotternd\> Ei bi äm

Hotline: \<gereizt\> Nein, Herr Kurz, was auf Ihrem **Schirm** steht, meine ich!

Kurz:     \<eifrig\> Moment, der hängt an der Garderobe!

Hotline: \<entnervt\> Herr Kurz ...

Kurz:     \<enttäuscht\> So, jetzt habe ich ihn aufgespannt. Da steht aber nichts drauf!

Hotline: \<belehrend\> Herr Kurz, schauen Sie mal auf den Bildschirm und lesen Sie mir mal genau vor, was darauf geschrieben ist!

Kurz:     \<erkennend\> Ach so, Sie meinen.......oh, Entschuldigung! \<eifrig\> Da steht: "Please press any key to continue."

Hotline: \<erleichtert\> Ach so, Sie meinen die any-key-Taste! Der PC spricht Englisch!

Kurz:     \<überzeugt\> Nee, wenn der was sagt, dann piept er nur.

Hotline: \<befehlend\> Drücken Sie mal die Enter-Taste.

Kurz:     \<erleichtert\> Ja, jetzt geht's! Das ist also die Eniki-Taste! Das könnten Sie aber auch draufschreiben! - Vielen Dank noch mal und auf Wiederhören. Quelle: andinet.de

# VORLESETRAINING zum ausdrucksvollen Vortrag

### 1. Sachtext
*Gleichstrom* ist ein elektrischer Strom, bei dem sich dauerhaft immer die gleiche Menge an Elektronen in nur eine Richtung bewegt.

### 2. Gedicht
Johann Wolfgang von Goethe

Freudvoll und leidvoll,
Gedankenvoll sein,
Langen und bangen
Jn schwebender Pein,
Himmelhoch jauchzend,
Zum Tode betrübt;
Glücklich allein
Jst die Seele, die liebt.

*langen = ersehnen*

### 3. Sage
Sage aus Bayern - aus: sagen.at

Jm Schloss zu Flügelau hauste ein guter Geist, der den Dienern alles zu Gefallen tat; sie durften nur sagen: "Klopfer hol's!" - so war's da. Er trug Briefe weg, wiegte die Kinder und brach das Obst. Aber wie man einmal von ihm haben wollte, er sollte sich sehen lassen, und nicht nachließ, bis er's tat, fuhr er feurig durch den Rauchfang hinaus, und das ganze Schloss brannte ab, das noch nicht wiederaufgebaut ist.

**Lies in deiner Gruppe (im Gesprächs- oder Lesekreis) die Texte in diesen Stimmungen usw. vor.** Merkst du, dass gelegentlich **Inhalt** und **Stimmung** nicht zusammenpassen?

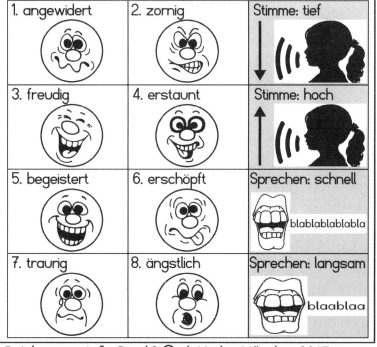

| 1. angewidert | 2. zornig | Stimme: tief |
| --- | --- | --- |
| 3. freudig | 4. erstaunt | Stimme: hoch |
| 5. begeistert | 6. erschöpft | Sprechen: schnell blablablablabla |
| 7. traurig | 8. ängstlich | Sprechen: langsam blaablaa |

# Deutsch

Name: _____  Datum: _____

## Ausdrucksstarkes **Vorlesen**

**Gegen**
- Langeweile
- Abschalten
- Unruhe

z z
z

### Ich fertige einen **Leseplan**

und trage die Vorlesezeichen passend in den Text ein. Zum lauten Lesen suche ich mir ein ruhiges Plätzchen, auch im Freien!

### Vorlesezeichen

| | | |
|---|---|---|
| gelb | _____ | (Ein Junge kam.) |
| schrie | _____ | Sprechen (Er schrie.) |
| flüsterte | _____ | Sprechen (Sie flüsterte.) |
| / | _____ | – bevor **Wichtiges kommt:** Ich fühlte   Angst. |
| \| | _____ | Sprechen (  Beeile dich!  ) |
| * | _____ | Sprechen ( Er ging langsam. ) |
| ↓ | _____ | Stimme ( Er brummte.) |
| ↑ | _____ | Stimme ( Sie quietschte.) |

Ein Motorradfahrer fuhr recht schnell auf der Landstraße dahin. Da kam ihm ein kleiner Vogel in die Bahn, und trotz Vollbremsung kam es zum Zusammenstoß. Sofort hielt der Motorradfahrer an und lief zurück, dorthin, wo der arme Vogel lag. Der Fahrer betrachtete den Piepmatz und jammerte traurig: „Tut mir leid, kleiner Vogel, das wollte ich nicht!" Da erkannte er aber, dass das Tier noch lebte und jubelte: „Hurra, du lebst ja noch! Warte, ich helfe dir"! Er hob den bewusstlosen Vogel vorsichtig hoch und lief schnell mit ihm nach Hause. Dort legte er das Tier, das immer noch bewusstlos war, in einen Käfig. Außerdem legte er noch etwas Brot und ein Schüsselchen mit Wasser hinein. Der Vogel erwachte, schaute sich um und bekam Angst! Er rief: „Verdammt, ich habe den Motorradfahrer umgebracht!".

Ich **achte** beim Vorlesen in der Gruppe/Klasse auch auf meine **Körpersprache** (Mimik/Gestik) und auf Gefühle in der **Stimme** (düster, ernst, aufgeregt ...)!

## **Was ich dir sagen will:** Auf die **Betonung** kommt es an!

*Es stand in der Zeitung!*

### Ein Drache im Schulhaus!

**Berlin.** Gestern wurde gegen 9 Uhr die Feuerwehr zur Moll-Schule in Berlin-Marzahn gerufen. Ein Drache war gesichtet worden. Vier Kinder hatten das schlafende Untier in einem Kellerraum entdeckt. .

Diese Kinder lesen die Überschrift unterschiedlich betont. Damit wollen sie uns Unterschiedliches sagen!
*Trage das jeweils <u>betont</u> gesprochene Wort ein, lies den Satz laut und erkläre!*

 _____ Drache im Schulhaus!
(Und nicht _____)

Ein Drache _____ Schulhaus!
(Und nicht _____)

 Ein _____ im Schulhaus!
(Und nicht _____)

Ein Drache im _____!
(Und nicht _____)

*Partnerspiel:* Einer liest einen **kurzen** Satz und betont dabei **ein** Wort. Der andere ergänzt: *"Und nicht ..."*

# Deutsch | Lösung/Beispiel

## Ausdrucksstarkes **Vorlesen**

### Gegen
- Langeweile
- Abschalten
- Unruhe

z z z

**Ich fertige einen Leseplan**

### Vorlesezeichen

| | | |
|---|---|---|
| gelb | **Betonung** ___ | (Ein Junge kam.) |
| schrie | **Lautes** ___ | Sprechen (Er schrie.) |
| flüsterte | **Leises** ___ | Sprechen (Sie flüsterte.) |
| / | **Pause** ___ | - bevor **Wichtiges kommt**: |
| | | Ich fühlte / Angst. |
| \| | **Schnelles** ___ | Sprechen ( \| Beeile dich! \| ) |
| * | **Langsames** ___ | Sprechen (*Er ging langsam.*) |
| ↓ | **Tiefe** ___ | Stimme ( ↓ Er brummte.) |
| ↑ | **Hohe** ___ | Stimme ( ↑ Sie quietschte.) |

## Beispiel:

Ein Motorradfahrer fuhr recht schnell auf der Landstraße dahin. Da kam ihm ein kleiner/Vogel in die Bahn, und trotz Vollbremsung kam es zum Zusammenstoß.|Sofort hielt der Motorradfahrer an und lief zurück, dorthin, wo der arme Vogel lag.|Der Fahrer betrachtete den Piepmatz und jammerte traurig:↓„Tut mir leid, kleiner Vogel, das wollte ich nicht!" Da erkannte er aber, dass das Tier noch lebte und jubelte:↑„Hurra, du lebst ja noch! Warte, ich helfe dir"! Er hob den bewusstlosen Vogel vorsichtig hoch|und lief schnell mit ihm nach Hause.|Dort legte er das Tier, das immer noch bewusstlos war, in einen Käfig. Außerdem legte er noch etwas/Brot und ein Schüsselchen mit/Wasser hinein. Der Vogel erwachte,/schaute sich um/und bekam/Angst! Er rief: „Verdammt,/ ich habe den Motorradfahrer/umgebracht!".

> **Witz:** Der Vogel sieht Gitterstäbe, Brot, Wasser und meint, er sei im Gefängnis.
> **Hörmedium:** Ausdrucksloses Vorlesen dieses Textes unter **www.goo.gl/u8wRLj**

## **Was ich dir sagen will:** Auf die **Betonung** kommt es an!

*Es stand in der Zeitung!*

### Ein Drache im Schulhaus!

**Berlin.** Gestern wurde gegen *9* Uhr die Feuerwehr zur Moll-Schule in Berlin-Marzahn gerufen. Ein Drache war gesichtet worden. Vier Kinder hatten das schlafende Untier in einem Kellerraum entdeckt. .

Diese Kinder lesen die Überschrift unterschiedlich betont. Damit wollen sie uns Unterschiedliches sagen!
*Trage das jeweils betont gesprochene Wort ein, lies den Satz laut und erkläre!*

 **Ein** Drache im Schulhaus!
(Und nicht zwei oder drei )

 Ein **Drache** im Schulhaus!
(Und nicht Frau Meier )

 Ein Drache **im** Schulhaus!
(Und nicht auf dem Schulhaus )

 Ein Drache im **Schulhaus** !
(Und nicht im Kindergarten )

*Partnerspiel:* Einer liest einen **kurzen** Satz und betont dabei **ein** Wort. Der andere ergänzt: *"Und nicht ..."*

| Deutsch | Name:_____ | Datum: _____ |
|---|---|---|

# So lesen Profis vor!

**3 Tipps** für (m)ein kurzweiliges Vorlesen

> Mein Büdelein is noch so tlein,
> is noch so dumm, ein ames Wum,
> muss tille liegen in seine Wiegen
> und hat noch keine Hos'.
> Ätsch, ätsch!
> Und ich bin schon so goß!
> Euer Willi

## SIGNAL

> Die fragt mich gleich was!

> Ja, ich bin aufmerksam!

Durch _____ signalisiere ich dem Zuhörer:

**"Dich** spreche _____!"

Der Zuhörer ist dadurch _____!

## AUSDRUCK: MGS

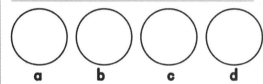

○ ○ ○ ○
a  b  c  d

Ich lese den Text **ausdrucksvoll** (M_____
G_____ S_____) vor,

_____ aber nicht!

*Beispiele:*
- Zeichnet die Stimmungen der Textstellen **a** bis **d** in die Kreise (Emoticons) und tragt den Text ausdrucksvoll in den Gruppen vor!
- Lest das Gedicht von Wilhelm Busch (oben) passend zur Sprache!

**Die Wasserjungfrau** (Eine Sage aus Österreich)
Beim „Fischer im Gries", einem alten, längst verschwundenen Bauernhaus, das in der Nähe des heutigen Werfthafens lag, war so manches Jahr in mondhellen Nächten der herrliche Gesang einer Wasserjungfrau zu hören. Verzückt **(a)** lauschten die Leute, und niemand versuchte, die Sängerin zu stören. Ein paar lustigen **(b)** Burschen gelang es einmal, das sagenhafte Wesen in Gestalt eines wunderschönen Mädchens zu fangen. Die Wasserjungfrau bat erst inständig unter heißen Tränen **(c)** um ihre Freiheit. Als dies nichts nützte, drohte sie dem Hof und seinen Jnsassen so fürchterliches Unheil an, falls sie weiter ihrer Freiheit beraubt bliebe, dass man es aus Angst **(d)** nicht mehr wagte, sie festzuhalten. Von da ab sah und hörte man nichts mehr von ihr. (sagen.at)

## MITWIRKUNG

Beispiele:

**Die Zuhörer sprechen wiederkehrende oder bekannte Formulierungen mit und verbessern "Falsches".**

- Markiert im Gebet (GL *897*) die wiederkehrenden Zeilen und sprecht bei ihnen mit!

- Jemand liest eine Zeile des Textes vor. Danach stellt die ganz Gruppe den Text richtig, spricht dabei laut.

Wenn sich die Möglichkeit ergibt, **beziehe** ich den Zuhörer _____!

Wo jemand es schwer hat
Lass uns wachsam sein.
Wo jemand uns braucht
Lass uns wachsam sein.
Wo wir vom Wege abweichen
Lass uns wachsam sein.
Für die Hilferufe der Mitmenschen
Lass uns wachsam sein.
Für die Einsamkeit
Lass uns wachsam sein.
Für die Zeichen der Zeit
Lass uns wachsam sein.

**Eine schichte Gekurze**
Letzten Hut verlor ich meinen Herbst.
Ich fand lange, ehe ich ihn suchte.
Dabei hauste ich an ein Kam,
lochte durch ein Guck
und sah drei Stühlen auf ihren Herren,
die Butter mit Broten bestrichen.
Ich trat ein, nahm meinen Kopf vom Hut
und sagte: „Guten Herren, meine Tag!".
Da lachen sie an zu fingen
bis ihnen der Platz bauchte.
Als später das Telebimmel fonte,
bin ich die Rannte runtergetreppt
und gegen die Bums getürt. (...)

# Deutsch | Lösung

## So lesen Profis vor!

**3 Tipps** für (m)ein kurzweiliges Vorlesen

Mein Büdelein is noch so tlein,
is noch so dumm, ein ames Wum,
muss tille liegen in seine Wiegen
und hat noch keine Hos'.
Ätsch, ätsch!
Und ich bin schon so goß!
Euer Willi

### SIGNAL

*Die fragt mich gleich was!*

*Ja, ich bin aufmerksam!*

Durch <u>Blickkontakt</u> signalisiere ich dem Zuhörer:

**"Dich** spreche <u>ich direkt an, dich meine ich ...</u>!"

Der Zuhörer ist dadurch <u>aufmerksam(er)</u> !

### AUSDRUCK: MGS

a    b    c    d

*Beispiele:*
- Zeichnet die Stimmungen der Textstellen **a** bis **d** in die Kreise (Emoticons) und tragt den Text ausdrucksvoll in den Gruppen vor!
- Lest das Gedicht von Wilhelm Busch (oben) passend zur Sprache!

Ich lese den Text **ausdrucksvoll** (M Mimik, G Gestik, S Stimme ) vor,

<u>übertreibe</u> aber nicht!

**Die Wasserjungfrau** (Eine Sage aus Österreich)

Beim „Fischer im Gries", einem alten, längst verschwundenen Bauernhaus, das in der Nähe des heutigen Werfthafens lag, war so manches Jahr in mondhellen Nächten der herrliche Gesang einer Wasserjungfrau zu hören. Verzückt (**a**) lauschten die Leute, und niemand versuchte, die Sängerin zu stören. Ein paar lustigen (**b**) Burschen gelang es einmal, das sagenhafte Wesen in Gestalt eines wunderschönen Mädchens zu fangen. Die Wasserjungfrau bat erst inständig unter heißen Tränen (**c**) um ihre Freiheit. Als dies nichts nützte, drohte sie dem Hof und seinen Insassen so fürchterliches Unheil an, falls sie weiter ihrer Freiheit beraubt bliebe, dass man es aus Angst (**d**) nicht mehr wagte, sie festzuhalten. Von da ab sah und hörte man nichts mehr von ihr. (sagen.at)

### MITWIRKUNG

Beispiele:

**Die Zuhörer sprechen wiederkehrende oder bekannte Formulierungen mit und verbessern "Falsches".**

- Markiert im Gebet (GL *897*) die wiederkehrenden Zeilen und sprecht bei ihnen mit!

- Jemand liest eine Zeile des Textes vor. Danach stellt die ganz Gruppe den Text richtig, spricht dabei laut.

Wenn sich die Möglichkeit ergibt, **beziehe** ich den Zuhörer <u>in meinen Lesevortrag mit ein</u> !

Wo jemand es schwer hat
<u>Lass uns wachsam sein.</u>
Wo jemand uns braucht
<u>Lass uns wachsam sein.</u>
Wo wir vom Wege abweichen
<u>Lass uns wachsam sein.</u>
Für die Hilferufe der Mitmenschen
<u>Lass uns wachsam sein.</u>
Für die Einsamkeit
<u>Lass uns wachsam sein.</u>
Für die Zeichen der Zeit
<u>Lass uns wachsam sein.</u>

**Eine kurze Geschichte**
Letzten Herbst verlor ich meinen Hut.
Ich suchte lange, ehe ich ihn fand.
Dabei kam ich an ein Haus,
guckte durch ein Loch
und sah drei Herren auf ihren Stühlen,
die Brote mit Butter bestrichen.
Ich trat ein, nahm meinen Hut vom Kopf
und sagte: „Guten Tag, meine Herren!".
Da fingen sie an zu lachen
bis ihnen der Bauch platzte.
Als später das Telefon bimmelte,
bin ich die Treppe runtergerannt
und gegen die Tür gebumst. (...)

# THEMA

## Lesetechnik: **Schneller lesen**\*

### 5. und 6. Jahrgang

# KOMPETENZERWARTUNGEN

- Temposteigerung beim Lesen
- Die Bedeutung von Lesehilfen (Finger, Stift) erfahren und sie anwenden
- Zusammengehörige Teile des Satzes finden und in Wortgruppen lesen (Anbahnung)
- Redewendungen kennen und ergänzen

# ARBEITSMITTEL/FUNDSTELLEN

Arbeitsblatt, Übungsblatt, Folie
Testseite
geeignete Texte

## Kompetenzstufen im **Lesen:**

www.gelstertalschule.de/wordpress/wp-content/uploads/
2014/03/Lesekonzept-Stand-28.3..pdf

**Links:** (Stand: August 2017)

www.sixtant.de/verdoppele-deine-
lesegeschwindigkeit-drei-tagen
www.youtube.com/watch?v=ALV7slw3yJO
www.de.wikihow.com/Schneller-lesen
www.de.wiktionary.org/wiki/Verzeichnis:
Deutsch/Redewendungen

Wir haben keinerlei Einfluss auf die Gestaltung und die Inhalte der gelinkten Seiten und übernehmen keine Haftung für die Seiten, auf die verwiesen wird.

# FOLIENBILD zur Hinführung

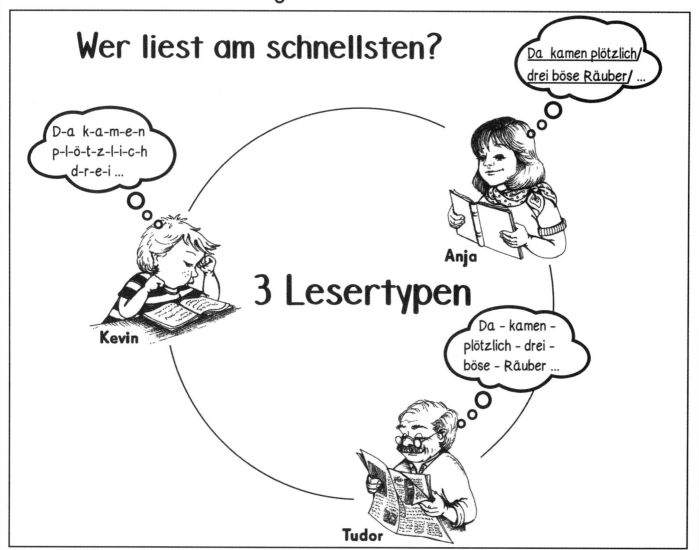

\*Einsatz in der 5. Klasse nur bzw. erst bei angemessener **Lesefertigkeit** (der Mehrheit) der Kinder!

| Deutsch | Name:_____ | Datum: _____ |

# Testseite

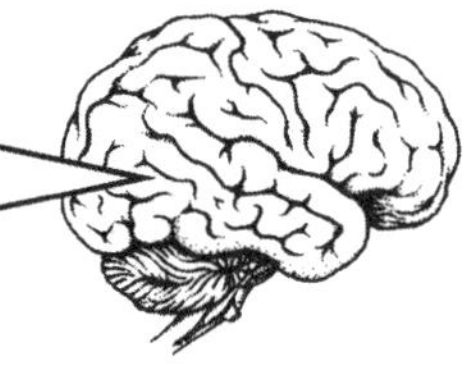

Ich überlege schnell:
Kenne ich das Wort?
Dann wähle ich
automatisch eines!

Diese Beispiele zeigen, dass beim Lesen das **Verharren** auf **einzelnen Wörtern** überflüssig ist.

## Falsch geschrieben

Das **Gehirn** versteht meist auch diese falsch geschriebenen Wörter, wenn es sie kennt.
(Der **erste** und **letzte** Buchstabe müssen passen!)

Dye Luete segan iemmr:

_____

Dye Zeetin wreden slimmcher.

_____

Dye Zeetin beilebn iemmr.

_____

Dye Luete wreden slimmcher.

_____

Joachim Ringelnatz

## Abgeschnitten

Das **Gehirn** ergänzt die verstümmelten Wörter!

Wenn ich von jemandem ein

_____

Butterbrot haben will, und

_____

er bietet mir eine Schnitte

_____

trockenes Brot, dann nehme

_____

ich die trockene Scheibe,

_____

die Butter hole ich mir dann

_____

eben später.

_____

Konrad Adenauer

| Deutsch | Name:_____ | Datum: _____ |

## Schneller lesen

**Was bremst und beschleunigt**

Welcher Lesertyp bist du?

O Jch lese Buchstabe für **B-u-c-h-s-t-a-b-e**.
O Jch lese **Wort - für - Wort**.
O Jch lese mehrere Wörter auf einen Blick.

Meine Sprüche! WB

---

**Das bremst**  _____schauend

So lasen wir **bisher**:

2  1  4
3

Der Weise hält seine Meinung zurück

Unsere Augen _____

_____

**Gib Gas!**  _____

So lesen wir **jetzt**:

Der Weise hält seine Meinung zurück;

also bin ich keiner.

Wir verwenden eine _____ (_____)

Unsere Augen folgen _____

---

**Das bremst**  _____ für _____

Lies den Text. Was erkennst du?

| Das | Gute | | dieser |
| Satz | steht | fest | ist |
| stets | das | Böse | was |
| man | | | lässt |

Unsere Augen müssen _____

_____

**Gib Gas!**  Wort_____

Wörter, die zusamengehören

**Erkenntnis:** Bei einer Entfernung von ca. 40 cm zum Text erfassen unsere Augen **2 - 4 Wörter auf einen Blick**.

Fasse zu Wortgruppen zusammen! ( ⌐___⌐ )

Das Gute - dieser Satz steht fest -
ist stets das Böse, was man lässt.

*Warum nicht so?*  dieser Satz steht

_____

---

**Versuch's!**  Trage die Kommas ein und bestimme überschaubare und sinnvolle Wortgruppen!

Wer beobachten will darf nicht mitspielen.

Wo was wächst gleich ist wer da der's frisst.

Ein jeder kriegt ein jeder nimmt in dieser Welt was ihm bestimmt.

Kompetenzorientierter Deutschunterricht PLUS 5. Jahrgangsstufe Band 2 © pb-Verlag München 2017

| Deutsch | Lösung |
|---|---|

# Schneller lesen

**Was bremst und beschleunigt**

Welcher Lesertyp bist du?

O Jch lese Buchstabe für B-u-c-h-s-t-a-b-e.

☒ Jch lese **Wort – für – Wort**.

O Jch lese mehrere Wörter auf einen Blick.

Meine Sprüche! WB

---

**Das bremst**   Zurück schauend

So lasen wir **bisher**:

Der Weise hält seine Meinung zurück
2  1  4
   3

Unsere Augen **springen immer wieder zu Wörtern zurück.**

**Gib Gas!**   Vorwärts!

So lesen wir **jetzt**:

Der Weise hält seine Meinung zurück;

also bin ich keiner.

Wir verwenden eine **Lesehilfe** ( **Stift** )
Unsere Augen folgen **der (Vorwärts-) Bewegung des Stiftes.**

---

**Das bremst**   Wort für Wort

Lies den Text. Was erkennst du?

| Das | Gute | | dieser |
|---|---|---|---|
| Satz | steht | fest | ist |
| stets | das | Böse | was |
| man | | | lässt |

Unsere Augen müssen **große Sprünge von Wort zu Wort machen.**

**Gib Gas!**   Wort gruppen

Wörter, die zusamengehören

**Erkenntnis:** Bei einer Entfernung von ca. 40 cm zum Text erfassen unsere Augen **2 – 4** Wörter **auf einen Blick.**

Fasse zu Wortgruppen zusammen! ( ⌐___⌐ )

Das Gute – dieser Satz steht fest –

ist stets das Böse, was man lässt.

*Warum nicht so?*   dieser Satz steht

Weil "fest" noch dazugehört:
"steht fest" von "feststehen"

---

**Versuch's!** Trage die Kommas ein und bestimme überschaubare und sinnvolle Wortgruppen!

Wer beobachten will, darf nicht mitspielen.

Wo was wächst, gleich ist wer da, der's frisst.

Ein jeder kriegt, ein jeder nimmt in dieser Welt, was ihm bestimmt.

| Deutsch | Name:_____ | Datum: _____ | |

# Wortgruppen und Redewendungen
## Übungen

Auf einen Blick! 2 - 4

**Umformen** *Schreibe jede Wortgruppe in eine neue Zeile!*
*Tipps: Zwei bis vier Wörter - und: Die Satzzeichen helfen!*

Viele Menschen wissen, dass sie unglücklich sind. Aber noch mehr Menschen wissen nicht, dass sie glücklich sind.

Albert Schweitzer

1 _____
2 _____
3 _____
4 _____
5 _____

**Verbessern** *Hier wurde zusammengefasst, was nicht zusammengehört. Berichtige!*

1 Seit Erfindung der
2 Kochkunst essen die
3 Menschen doppelt
4 so viel wie die
5 Natur verlangt.

Benjamin Franklin

1 _____
2 _____
3 _____
4 _____

**Erkennen** *Hier darf ich drüber hinweglesen:* **Redewendungen,** *die immer wieder vorkommen, erkennt unser Gehirn* **ohne Lesen der einzelnen Wörter!**
*Ergänze die Redewendungen und lies dann den Text möglichst schnell!*

erkennt:

In einem kleinen Gebirgsdorf war der _____ los, es ging _____ _____. Ein Hundertjähriger, der von _____ an im Ort lebte, sollte geehrt werden. Die Gemeinde hatte für ein Geschenk tief ___ ____ _____ _____. Viele Gäste aus _____ und _____ waren geladen. Alle warteten schon auf den Jubilar, doch er ließ auf _____ _____. Wohl _____ _____, bei Wind _____ _____, musste sich der Bürgermeister _____ _____ _____ zum Haus des Mannes machen. Der Jubilar öffnete mit verheultem Gesicht die Türe und meinte: „Ich kann nicht kommen. Mein Vater erlaubt's nicht!" - „Nein! Das geht doch _____ _____ _____!", rief der Bürgermeister.

| Deutsch | Lösung |
|---------|--------|

# Wortgruppen und Redewendungen
### Übungen

Auf einen Blick! 2 - 4

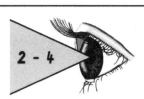

**Umformen** *Schreibe jede Wortgruppe in eine neue Zeile!*
*Tipps: Zwei bis vier Wörter - und: Die Satzzeichen helfen!*

Viele Menschen wissen, dass sie unglücklich sind. Aber noch mehr Menschen wissen nicht, dass sie glücklich sind.

Albert Schweitzer

1 Viele Menschen wissen,
2 dass sie unglücklich sind.
3 Aber noch mehr Menschen
4 wissen nicht,
5 dass sie glücklich sind.

**Verbessern** *Hier wurde zusammengefasst, was nicht zusammengehört. Berichtige!*

1 Seit Erfindung der
2 Kochkunst essen die
3 Menschen doppelt
4 so viel wie die
5 Natur verlangt.

Benjamin Franklin

1 Seit Erfindung der Kochkunst
2 essen die Menschen
3 doppelt so viel
4 wie die Natur verlangt.

**Erkennen** Hier darf ich drüber hinweglesen: **Redewendungen**, die immer wieder vorkommen, erkennt unser Gehirn **ohne Lesen der einzelnen Wörter!**
*Ergänze die Redewendungen und lies dann den Text möglichst schnell!*

erkennt:

In einem kleinen Gebirgsdorf war der __Teufel__ los, es ging __hoch__ __her__. Ein Hundertjähriger, der von __Geburt__ an im Ort lebte, sollte geehrt werden. Die Gemeinde hatte für ein Geschenk tief __in__ __die__ __Tasche__ __gegriffen__. Viele Gäste aus __nah__ und __fern__ waren geladen. Alle warteten schon auf den Jubilar, doch er ließ auf __sich__ __warten__. Wohl __oder__ __übel__, bei Wind __und__ __Wetter__, musste sich der Bürgermeister __auf__ __den__ __Weg__ zum Haus des Mannes machen. Der Jubilar öffnete mit verheultem Gesicht die Türe und meinte: „Ich kann nicht kommen. Mein Vater erlaubt's nicht!" - „Nein! Das geht doch __auf__ __keine__ __Kuhhaut__!", rief der Bürgermeister.

# THEMA

## Strategien zur Texterschließung

Fünf Verfahren – Erweiterung in der 6. Klasse

## KOMPETENZERWARTUNGEN

- Texte durch einfache Texterschließungsstrategien erfassen
- Texte markieren, klären, aufschlüsseln, alternativ (weiter)erzählen, veranschaulichen
- Die Bedeutung des Gelesenen prüfen und hinterfragen
- Motivation durch Forschungsarbeit an Texten

## ARBEITSMITTEL/FUNDSTELLEN

Arbeitsblätter, Folie
Geeignete Texte (Literarische Texte/Sachtexte)

**Fachbücher** zur **Leseförderung**
**Beispiele** unter
- goo.gl/EKhLa6
- goo.gl/TLVpjC

**Links:** (Stand: August 2017)

www.studienseminar-koblenz.de/medien/sachtexte/
    Lesestrategien.pdf
www.gelstertalschule.de/wordpress/wp-content/
    uploads/2014/03/Lesekonzept-Stand-28.3..pdf
www.goo.gl/NvzFbx
www.youtube.com/watch?v=Bp35O_2lA4k
www.youtube.com/watch?v=jXbYVHmxsHM

Wir haben keinerlei Einfluss auf die Gestaltung und die Inhalte der gelinkten Seiten und übernehmen keine Haftung für die Seiten, auf die verwiesen wird.

## FOLIENBILD zur Hinführung

# LESESTRATEGIEN

(Quelle: gelstertalschule.de/wordpress/wp-content/uploads/2014/03/Lesekonzept-Stand-28.3..pdf)

**Begründen** — Warum lese ich diesen Text? Information – Unterhaltung

**Vorwegnahme** — Leseerwartungen: Wie geht die Handlung weiter?

**Sinnentnahme** — Rückverwandlung in die gesprochene Sprache, leises Mitlesen

**Klären** — Schwer verständliche Wörter, Fremdwörter, Mehrfachbedeutungen

**Aufschlüsseln** — Markieren, Heraussuchen, Ober-/Unterbegriffe, ...

**Veranschaulichung** — Zeitleiste, Tabelle, Grafik, Bildergeschichte ... erstellen

**Zusammenfassung** — Wichtige Teile zusammenfassen, Inhaltsangabe

**Schreiben** — Text mit eigenen Worten zusammenfassen, (Vor-)Wissen einbringen

**Verknüpfung** — mit eigenem Wissen und Erlebnissen

**Motivation** — Lesen = Erforschen, hat einen Sinn

---

## LÖSUNG Seite 17

**Ich erforsche Texte (1)**
Die ersten **drei** Schritte: WVA — Aha!

**Der Text** — Ein **Erzähltext** zur _Unterhaltung_

Fuchs und Rabe – eine Fabel

Es war einmal ein Rabe, der saß auf einem Baum und hatte einen Käse im Schnabel. Der Duft des Käses lockte einen Fuchs an. Der sah den Raben auf dem Baum sitzen. Der Fuchs dachte sich: „Ich könnte mich einschmeicheln!" Er sprach: „Ach, du schöner Vogel, du kannst sicher gut singen! Könntest du mir vielleicht etwas vorsingen, liebster Rabe?" /¹ Der Vogel dachte nach: „Der könnte ein Fan von mir sein!" Und zu seinem Fan: „Na gut, lieber Fuchs, ich singe dir etwas vor!" Doch sobald der Rabe den Schnabel aufmachte, fiel ihm der Käse herunter - /² genau auf die Schnauze des Fuchses. Der lief weinend davon. Der Rabe dachte sich: „Warum ist er weggelaufen? Anscheinend wegen meines Gesanges!"
nach: sagen.at

**W WICHTIG!** **Bemale** im Text (grün)
die **wichtigsten** Wörter und Satzteile, die unbedingt erforderlich sind!

**V VERSTANDEN?**
• Fragen – Antworten:
Woher hatte der Rabe den Käse?
Erfahren wir nicht im Text
Was war der Plan des Fuchses?
Der Rabe sollte beim Singen den Käse verlieren - auffangen
Warum nannte der Fuchs den Raben "schöner Vogel" und "liebster Rabe"?
Zum Einschmeicheln: Fuchs wollte Raben zum Singen bringen
Warum nannte der Rabe den (Feind) Fuchs "lieber Fuchs"?
Fühlte sich vom "Fan" geschmeichelt
Am Ende hatte der Rabe den Fuchs durchschaut, oder?
Nein. Für den Raben ging es um den Gesang, für den Fuchs um den Käse.

**A ANDERS!** Wie könnte die Geschichte an diesen Stellen (/) anders weitergehen? Stichpunkte!

/¹ Der Rabe wollte nicht vorsingen: Er durchschaute Plan des Fuchses - Fuchs versuchte, auf Baum zu klettern - schaffte es nicht - ...

/² Fuchs fing Käse auf und fraß ihn - Rabe weinte - Jetzt durchschaute der Rabe den Plan des Fuchses ...

---

## LÖSUNG Seite 18

**Ich erforsche Texte (2)**
Die ersten **drei** Schritte: WVA — Aha!

**Der Text** — Ein **Sachtext** zur _Information_

Der Wasserkreislauf der Erde

Unter dem Begriff Wasserkreislauf versteht man den Transport und die Speicherung von Wasser. Hierbei wechselt das Wasser mehrmals seinen Aggregatzustand und durchläuft die einzelnen Luftschichten der Erde. /¹ Im Wasserkreislauf geht kein Wasser verloren, es ändert nur seinen Zustand. Durch Verdunstung entsteht Luftfeuchtigkeit. Wenn die Luft aufsteigt, kühlt sie sich ab. Kalte Luft kann aber weniger Wasserdampf aufnehmen als wärmere, daher kondensiert der in der Luft enthaltene Wasserdampf ab einer gewissen Höhe (Kondensation). Dabei entstehen Wolken. Werden die Wassertröpfchen groß genug, kommt es zu Niederschlägen /², und das Wasser fällt zur Erde zurück.

**W WICHTIG!** **Unterstreiche** im Text
grün: Die **wichtigsten** Wörter und Satzteile, die unbedingt erforderlich sind
rot: Unverständliche/unklare Wörter und Satzteile

**V VERSTANDEN?**
• Wörter:
Aggregatzustand: Zustände eines Stoffes: fest - flüssig –gasförmig
Verdunstung: Übergang von flüssig zu gasförmig
Kondensation: Übergang von gasförmig zu flüssig
• Fragen – Antworten:
Was ist ein Wasserkreislauf?
Transport und Speicherung von Wasser
Was ist das wichtigste Merkmal eines Wasserkreislaufes?
Wasser wechselt mehrmals seinen Aggregatzustand.
Welche zwei physikalischen Vorgänge spielen eine Rolle?
Verdunstung und Kondensation
Was entsteht durch die Kondensation?
flüssiges Wasser, Wolken
Wann regnet es?
Wenn die Wassertropfen groß (und schwer) sind

**A ANDERS!** An diesen Stellen (/) könnte man ergänzen:

/¹ Der Wasserkreislauf findet vor allem statt zwischen Meer (See) und Festland
/² Wasser fällt in Form von Regen, Schnee, Hagel ... auf die Erde zurück.

| Deutsch | Name:_____ | Datum: _____ | |

# Ich erforsche Texte (1)
Die ersten **drei** Schritte: WVA

「Aha!」

**Der Text**   Ein **Erzähltext** zur _____

---

Fuchs und Rabe – eine Fabel

Es war einmal ein Rabe, der saß auf einem Baum und hatte einen Käse im Schnabel. Der Duft des Käses lockte einen Fuchs an. Der sah den Raben auf dem Baum sitzen. Der Fuchs dachte sich: „Ich könnte mich einschmeicheln!" Er sprach: „Ach, du schöner Vogel, du kannst sicher gut singen! Könntest du mir vielleicht etwas vorsingen, liebster Rabe?" /¹ Der Vogel dachte nach: „Der könnte ein Fan von mir sein!?" Und zu seinem Fan: „Na gut, lieber Fuchs, ich singe dir etwas vor!" Doch sobald der Rabe den Schnabel aufmachte, fiel ihm der Käse herunter – /² genau auf die Schnauze des Fuchses. Der lief weinend davon. Der Rabe dachte sich: „Warum ist er weggelaufen? Anscheinend wegen meines Gesanges!"

nach: sagen.at

---

**W WICHTIG!**   **Bemale** im Text (grün)

die **wichtigsten** Wörter und Satzteile, die unbedingt erforderlich sind!

**V VERSTANDEN?**

**? !**

● **Fragen – Antworten**:

Woher hatte der Rabe den Käse?

_____

Was war der Plan des Fuchses?

_____

Warum nannte der Fuchs den Raben "*schöner Vogel*" und "*liebster Rabe*"?

_____

Warum nannte der Rabe den (Feind) Fuchs "*lieber Fuchs*"?

_____

Am Ende hatte der Rabe den Fuchs durchschaut, oder?

_____

**A ANDERS!**   Wie könnte die Geschichte an diesen Stellen (/) **anders** weitergehen? Stichpunkte!

/¹ _____

_____

/² _____

_____

| Deutsch | Name: _____ | Datum: _____ | |

# Ich erforsche Texte (2)
Die ersten **drei** Schritte: WVA

**Aha!**

**Der Text** Ein **Sachtext** zur _____

---

Der Wasserkreislauf der Erde

Unter dem Begriff Wasserkreislauf versteht man den Transport und die Speicherung von Wasser. Hierbei wechselt das Wasser mehrmals seinen Aggregatzustand und durchläuft die einzelnen Luftschichten der Erde. /[1] Jm Wasserkreislauf geht kein Wasser verloren, es ändert nur seinen Zustand. Durch Verdunstung entsteht Luftfeuchtigkeit. Wenn die Luft aufsteigt, kühlt sie sich ab. Kalte Luft kann aber weniger Wasserdampf aufnehmen als wärmere, daher kondensiert der in der Luft enthaltene Wasserdampf ab einer gewissen Höhe (Kondensation). Dabei entstehen Wolken. Werden die Wassertröpfchen groß genug, kommt es zu Niederschlägen /[2], und das Wasser fällt zur Erde zurück.

---

**W WICHTIG!** **Unterstreiche** im Text
grün: Die **wichtigsten** Wörter und Satzteile, die unbedingt erforderlich sind
rot: Unverständliche/unklare Wörter und Satzteile

**V VERSTANDEN?**

**?** **!**

• **Wörter:**

Aggregatzustand: _____

Verdunstung: _____

Kondensation: _____

• **Fragen – Antworten:**

Was ist ein Wasserkreislauf?
_____

Was ist das wichtigste Merkmal eines Wasserkreislaufes?
_____

Welche zwei physikalischen Vorgänge spielen eine Rolle?
_____

Was entsteht durch die Kondensation?
_____

Wann regnet es?
_____

**A ANDERS!** An diesen Stellen (/) könnte man ergänzen:

/[1] Der Wasserkreislauf findet vor allem statt zwischen _____

/[2] Wasser fällt **in Form von** _____ auf die Erde zurück.

| Deutsch | Name:_____ | Datum: _____ |
|---|---|---|

# Ich erforsche Texte (3)
## Der **vierte** und **fünfte** Schritt: **AV**

> Aha!

**Der Text** Ein **Sachtext** zur _____

> **Der Wasserkreislauf der Erde**
>
> Unter dem Begriff Wasserkreislauf versteht man den Transport und die Speicherung von Wasser. Hierbei wechselt das Wasser mehrmals seinen Aggregatzustand und durchläuft die einzelnen Luftschichten der Erde. Jm Wasserkreislauf geht kein Wasser verloren, es ändert nur seinen Zustand. Durch Verdunstung entsteht Luftfeuchtigkeit. Wenn die Luft aufsteigt, kühlt sie sich ab. Kalte Luft kann aber weniger Wasserdampf aufnehmen als wärmere, daher kondensiert der in der Luft enthaltene Wasserdampf ab einer gewissen Höhe (Kondensation). Dabei entstehen Wolken. Werden die Wassertröpfchen groß genug, kommt es zu Niederschlägen, und das Wasser fällt zur Erde zurück.

## **A** AUFSCHLÜSSELN! *Markieren - Heraussuchen - Überschriften - ...*

- Bemale im Text alle **Substantive** grün, alle **Verben** blau!
- **Schreibe** jedes Substantiv einmal heraus:

_____

_____

_____

- **Überlege** Überschriften (Worum geht's?):

Satz *1 – 3*: _____

Satz *4*: _____

Satz *5 – 6*: _____

Satz *7 – 8*: _____

## **V** VERANSCHAULICHEN! *Ein Bild zum Text*

- Fertige mit den Textinformationen und deinem Vorwissen eine **Skizze** des Wasserkreislaufes und beschrifte sie!

**Deutsch** | Lösung

# Ich erforsche Texte (3)
Der **vierte** und **fünfte** Schritt: **AV**

Aha!

**Der Text** Ein **Sachtext** zur ___Information___

---

Der Wasserkreislauf der Erde

Unter dem Begriff Wasserkreislauf versteht man den Transport und die Speicherung von Wasser. Hierbei wechselt das Wasser mehrmals seinen Aggregatzustand und durchläuft die einzelnen Luftschichten der Erde. Jm Wasserkreislauf geht kein Wasser verloren, es ändert nur seinen Zustand. Durch Verdunstung entsteht Luftfeuchtigkeit. Wenn die Luft aufsteigt, kühlt sie sich ab. Kalte Luft kann aber weniger Wasserdampf aufnehmen als wärmere, daher kondensiert der in der Luft enthaltene Wasserdampf ab einer gewissen Höhe (Kondensation). Dabei entstehen Wolken. Werden die Wassertröpfchen groß genug, kommt es zu Niederschlägen, und das Wasser fällt zur Erde zurück.

---

**A AUFSCHLÜSSELN!** *Markieren - Heraussuchen - Überschriften - ...*

- Bemale im Text alle **Substantive** grün, alle **Verben** blau!
- **Schreibe** jedes Substantiv einmal heraus:

Begriff, Wasserkreislauf, Transport, Speicherung, Wasser, Aggregatzustand, Luftschichten, Erde, Zustand, Verdunstung, Luftfeuchtigkeit, Luft, Wasser-dampf, Höhe, Kondensation, Wolken, Wassertröpfchen, Niederschläge

- **Überlege** Überschriften (Worum geht's?):

Satz *1 - 3*: ___Wasserkreislauf allgemein___

Satz *4*: ___Verdunstung___

Satz *5 - 6*: ___Kondensation___

Satz *7 - 8*: ___Wolken und Niederschläge___

**V VERANSCHAULICHEN!** *Ein Bild zum Text*

- Fertige mit den Textinformationen und deinem Vorwissen eine **Skizze** des Wasserkreislaufes und beschrifte sie!

# THEMA

Literarische Texte
## Handlungsverläufe und -alternativen

## KOMPETENZERWARTUNGEN

- Den Handlungsverlauf geeigneter Texte erschließen
- Eigene Erwartungen an das weitere Geschehen formulieren
- Den Inhalt von Kinderbüchern (z. B. ausgewählte Lektüre) erfassen
- Epische Kleinformen, u. a. Erzähltext, Sage, Erzählgedicht usw. kennen(lernen)

## ARBEITSMITTEL/FUNDSTELLEN

Arbeitsblätter, Folie
Geeignete Texte, auch Lektüre

### Medienzentrum/Bildstelle
4248536 Märchenhandlungen
5500640 Klaus Kordon

### Links:
(Stand: August 2017)

www.rossipotti.de/inhalt/literaturlexikon/
    sachbegriffe/handlung.html
www.gedichte.xbib.de
www.goo.gl/nACqfb (Hörbücher)

Wir haben keinerlei Einfluss auf die Gestaltung und die Inhalte der gelinkten Seiten und übernehmen keine Haftung für die Seiten, auf die verwiesen wird.

## FOLIENBILD zur Hinführung

### Einbruchsversuch eines tollpatschigen Banditen

Wie die Handlung im Roman weitergeht

1. Möglichkeit

Er schlich heran ...    Er stieg ein ...

2. Möglichkeit

# Vorschläge zum VERLAUF
## 2 - 4 Unterrichtsstunden

## I) HINFÜHRUNG

- Folie: Wie geht die Handlung weiter? Verschiedene Möglichkeiten im UG

### Worum die Handlung einer Geschichte geht - und wie sie weitergeht

## II) ERARBEITUNG

### Untersuchung zweier Textbeispiele

#### AB 1: Frau Weihnachtsbaum

- Untersuchung und Aufgaben in **GA** - Überschriften zu den Teilen
  Einleitung - Hauptteil - Schluss - Weitererzählen - Gruppenvorträge

#### AB 2: Sage erforschen

- Klären der Begriffe - GA: In Stichpunkten wiedergeben und alternative
  Handlungen erfinden

## III) ANWENDUNG/AUSWEITUNG

- Ballade "Hexenkind" (s. u.) - Klärung möglichst in GA
- Lektüre (Empfehlung: "Piratensohn" von Klaus Kordon u. v. a.) - dabei ständige
  Skizzierung des Handlungsverlaufes und der Erwartungen *(Wie geht's weiter?)*

---

# Das Hexenkind
### Eine Ballade von Joachim Ringelnatz

Das junge Ding hieß Jlse Watt.
Sie ward im Waisenhaus erzogen.
Dort galt sie für verstockt, verlogen,
Weil sie kein Wort gesprochen hat
Und weil man ihr es sehr verdachte,
Dass sie schon früh, wenn sie erwachte,
Ganz leise vor sich hinlachte.

Man nannte sie, weil ihr Betragen
So seltsam war, das Hexenkind.
Allüberall ward sie gescholten.
Doch wagte niemand, sie zu schlagen.
Denn sie war von Geburt her blind.
Die Jlse hat für frech gegolten,
Weil sie, wenn man zu Bett sie brachte,
Noch leise vor sich hinlachte.

Jn ihrem Bettchen blass und matt
Lag sterbend eines Tags die kranke
Und stille, blinde Jlse Watt,
Lächelte wie aus andern Welten
Und sprach zu einer Angestellten,
Die ihr das Haar gestreichelt hat,
Ganz laut und glücklich noch: „Jch danke."

**Joachim Ringelnatz,** eigentlich Hans Gustav Bötticher, lebte von *1883* bis *1934*. Er war ein deutscher Schriftsteller, Kabarettist und Maler. Seine schrulligen, witzigen und geistreichen Werke sind noch heute bekannt.

- Informiert euch darüber, was man unter einem **Hexenkind** (historisch) versteht! @
- Informiert euch über den Begriff "Ballade"! @
- Bemalt jeweils die zwei Wörter, die sich reimen, in derselben Farbe. Was fällt euch auf?
- Mit welchen **Adjektiven** wird Ilse Watt beschrieben? Unterstreicht sie!
- Warum wurde Ilse Watt "Hexenkind" genannt?
- **Handlung**: Worum geht es in den Strophen? Sucht Überschriften für jede!
- **Fazit**: Sucht nach weiteren Beispielen, wo Menschen **"anders"** sind!

Quellen: gedichte.xbib.de und Joachim-Ringelnatz Verein e. V.

| Deutsch | Name:_____ | Datum: _____ | |

## Wir erforschen einen **Erzähltext** ○⟋

**Eine passende Überschrift** (macht neugierig):

_____

Es geschah an einem Heiligen Abend. Herr Dings musste seinen kleinen Weihnachtsbaum alleine schmücken, weil seine Frau noch beim Einkaufen war. Dazu stellte er den Baum auf ein Tischchen in der Nähe der Türe; er selbst stand auf einem Hocker. Was fluchte Herr Dings, als er die vielen empfindlichen Teile der Reihe nach an den Baum hängte! Und "Zzing!" – wieder war eine Glaskugel zerborsten! Und das Lametta erst: Eine äußerst mühevolle Arbeit! Nach langem, langem Werkeln war Herr Dings endlich fertig. Schön war er geworden, der Weihnachtsbaum! Und gerade rechtzeitig fertig: Herr Dings hörte seine Frau kommen. Ja, der Mann wollte noch „Vorsicht!" rufen, bevor seine Frau die Türe öffnete – doch es war zu spät! Die Türe war auf und ein Luftzug entstand. Der war so stark, dass er alle Kugeln, Kerzen und jeglichen Schmuck vom Baum in Richtung Türe riss. Herr Dings schrie: „Türe zu!" und hielt den Baum fest. Starr vor Schreck und sprachlos musste Frau Dings an der offenen Türe hinnehmen, was nun geschah. (...)

• **Bemale** die **Einleitung** (Wer? Wo? Wann? Was?) **gelb**, den **Hauptteil** (das Ereignis) **grün**!

• Der **Hauptteil** besteht hier aus **zwei Teilen**. Markiere im Text und zeichne!

|  |  |
|---|---|
|  |  |

• Suche passende **Überschriften** zu den zwei Teilen!

**1** _____    **2** _____

• Der **Höhepunkt** der Erzählung **fehlt**! **Erfinde** und **zeichne**!

_____
_____
_____
_____
_____
_____

• **Schluss**: Was geschah danach?

# Deutsch | Lösung

## Wir erforschen einen **Erzähltext**

**Eine passende Überschrift** (macht neugierig):

*Beispiel:* Frau Weihnachtsbaum

Es geschah an einem Heiligen Abend. Herr Dings musste seinen kleinen Weihnachtsbaum alleine schmücken, weil seine Frau noch beim Einkaufen war. Dazu stellte er den Baum auf ein Tischchen in der Nähe der Türe; er selbst stand auf einem Hocker. Was fluchte Herr Dings, als er die vielen empfindlichen Teile der Reihe nach an den Baum hängte! Und "Zzing!" – wieder war eine Glaskugel zerborsten! Und das Lametta erst: Eine äußerst mühevolle Arbeit! Nach langem, langem Werkeln war Herr Dings endlich fertig. Schön war er geworden, der Weihnachtsbaum! Und gerade rechtzeitig fertig: Herr Dings hörte seine Frau kommen. Ja, der Mann wollte noch „Vorsicht!" rufen, bevor seine Frau die Türe öffnete – doch es war zu spät! Die Türe war auf und ein Luftzug entstand. Der war so stark, dass er alle Kugeln, Kerzen und jeglichen Schmuck vom Baum in Richtung Türe riss. Herr Dings schrie: „Türe zu!" und hielt den Baum fest. Starr vor Schreck und sprachlos musste Frau Dings an der offenen Türe hinnehmen, was nun geschah. (...)

- **Bemale** die **Einleitung** (Wer? Wo? Wann? Was?) **gelb**, den **Hauptteil** (das Ereignis) **grün**!

- Der **Hauptteil** besteht hier aus **zwei Teilen**. Markiere im Text und zeichne!

- Suche passende **Überschriften** zu den zwei Teilen!

*1* Baum schmücken      *2* Baum leerte sich

- Der **Höhepunkt** der Erzählung **fehlt**! **Erfinde** und **zeichne**!    **Beispiel**

Der Weihnachtsschmuck flog nicht zur Türe hinaus, nein, er blieb an Frau Dings hängen! Herr Dings konnte nur noch die Hände über dem Kopf zusammenschlagen. Verständnis- und bewegungslos stand Frau Weihnachtsbaum da.

- **Schluss**: Nochmaliges gemeinsames Schmücken ...

| Deutsch | Name: _____ | Datum: _____ |
|---|---|---|

## Wir erforschen eine **Sage**

**Wahr:** In der St. Hermannskapelle bei Bischofsmais (Landkreis Regen/Bayerischer Wald) befindet sich über einem Seitenaltar ein Stein, der die Form eines Käselaibes hat.

**Die Einheimischen fragten sich:** _____

_____

_____

### Sie erfanden diese Geschichte (Sage):

Vor langer, langer Zeit kam einmal eine Bäuerin aus der Gegend zum Heiligen Hermann in die Kapelle und bat flehentlich um seine Hilfe. Sie versprach, einen Laib Käse zu opfern, falls sie Erhörung in ihrem Anliegen fände. Der Heilige nahm sich ihrer an und bald erschien sie wieder, ihr Gelöbnis einzulösen. Sie legte den versprochenen Laib auf den Altar, kniete sich nieder und verrichtete noch ein inbrünstiges Dankgebet. Während sie aber so betete, kam der Neidteufel über sie. Immer und immer musste sie nach ihrer Gabe schielen und dabei dachte sie, ein kleinerer Laib hätte es auch getan und schnitt ein ansehnliches Stück Käse weg. Der Hl. Hermann verwandelte sofort den Käse in harten Stein und zeigte ihr damit das Sündhafte ihrer Handlungsweise an.

Quelle: bayerischer-wald.de

Quelle: sagen.at

**Wir klären**   •*Wörter:* Unterstreiche sie im Text!

flehentlich: _____   inbrünstig: _____

das Anliegen: _____   der Neidteufel: _____

die Erhörung: _____   ansehnlich: _____

das Gelöbnis: _____   das Sündhafte: _____

•*Die Handlung in Stichpunkten*: Bemale die Satzteile verschiedenfarbig!

| ① _____ | ② _____ | ③ _____ | ④ _____ |
|---|---|---|---|

**Verwende Wörter aus dieser Aufzählung:**
Appetit - Einlösen - Mut - Ekel - Bitte - Feigheit - Nörgeln - Hilfe - SMS - Strafe - Käsekuchen - Versprechen - Hass - Neid

| ⑤ _____ | ⑥ _____ |
|---|---|

**Wir erfinden selbst** und klären die Fragen der Einheimischen **anders**!

_____

_____

_____

_____

_____

_____

# Deutsch | Lösung/Beispiel

## Wir erforschen eine Sage

**Wahr:** In der St. Hermannskapelle bei Bischofsmais (Landkreis Regen/Bayerischer Wald) befindet sich über einem Seitenaltar ein Stein, der die Form eines Käselaibes hat.

**Die Einheimischen fragten sich:** _Woher kommt der Stein? Was bedeutet er?_

Quelle: bayerischer-wald.de

**Sie erfanden diese Geschichte** (Sage):

Vor langer, langer Zeit kam einmal eine Bäuerin aus der Gegend zum Hl. Hermann in die Kapelle und bat flehentlich um seine Hilfe. Sie versprach, einen Laib Käse zu opfern, falls sie Erhörung in ihrem Anliegen fände. Der Heilige nahm sich ihrer an und bald erschien sie wieder, ihr Gelöbnis einzulösen. Sie legte den versprochenen Laib auf den Altar, kniete sich nieder und verrichtete noch ein inbrünstiges Dankgebet. Während sie aber so betete, kam der Neidteufel über sie. Immer und immer musste sie nach ihrer Gabe schielen und dabei dachte sie, ein kleinerer Laib hätte es auch getan und schnitt ein ansehnliches Stück Käse weg. Der Hl. Hermann verwandelte sofort den Käse in harten Stein und zeigte ihr damit das Sündhafte ihrer Handlungsweise an.

Quelle: sagen.at

**Wir klären** •_Wörter:_ Unterstreiche sie im Text!

flehentlich: _eindringlich_  inbrünstig: _nachdrücklich_
das Anliegen: _die Bitte_  der Neidteufel: _Neid als Person_
die Erhörung: _die Erfüllung_  ansehnlich: _groß_
das Gelöbnis: _das Versprechen_  das Sündhafte: _das Böse_

•_Die Handlung in Stichpunkten:_ Bemale die Satzteile verschiedenfarbig!

① _Bitte_ ▶ ② _Versprechen_ ▶ ③ _Hilfe_ ▶ ④ _Einlösen_

**Verwende Wörter aus dieser Aufzählung:**
Appetit - Einlösen - Mut - Ekel - Bitte - Feigheit - Nörgeln - Hilfe - SMS - Strafe - Käsekuchen - Versprechen - Hass - Neid

▶ ⑤ _Neid_ ▶ ⑥ _Strafe_

**Wir erfinden selbst** und klären die Fragen der Einheimischen **anders**!

**Beispiel:** Im _14._ Jahrhundert war die Gegend des heutigen Bischofsmais ein großer Urwald. Hierher verschlug es den aus Heidelberg stammenden Ordensmann und Einsiedler Hermann. Er wollte im Urwald leben wie in der Steinzeit. So aß er Pflanzen und jagte Tiere mit Faustkeilen und Steinen. Als ehemaliger Käseliebhaber formte er einen Stein als Käselaib. Und den stellte er in der Kapelle aus, die er später mitten im Urwald erbaute. (Alternativen: Außerirdische - ehemalige Käserei - ...)

# THEMA
## Motive literarischer Figuren
### Eigenschaften und Erfahrungen der Figuren

# KOMPETENZERWARTUNGEN

- Nach den Motiven literarischer Figuren fragen
- Motive aus den Eigenschaften bzw. Erfahrungen der Personen herleiten
- Handlungen und Zusammenhänge in Erzählungen (...) erfassen
- Epische Kleinformen kennen(lernen)

# ARBEITSMITTEL/FUNDSTELLEN

Arbeitsblätter, Folie
Motivkarte
Geeignete Texte

**Hörmedien:**

Texte gelesen unter **goo.gl/u8wRLj**

**Links:** (Stand: Juli 2017)

www.rossipotti.de/inhalt/literaturlexikon/
    sachbegriffe/motiv.html
www.buecher-wiki.de/index.php/
    BuecherWiki/Motiv
www.youtube.com/watch?v=AnG_Fl6-vF4
www.de.wikisource.org/wiki/Kategorie:Wilhelm_Busch

Wir haben keinerlei Einfluss auf die Gestaltung und die Inhalte der gelinkten Seiten und übernehmen keine Haftung für die Seiten, auf die verwiesen wird.

# FOLIENBILD zur Hinführung

## Gretels Motive
## **Warum** handelte Gretel so?

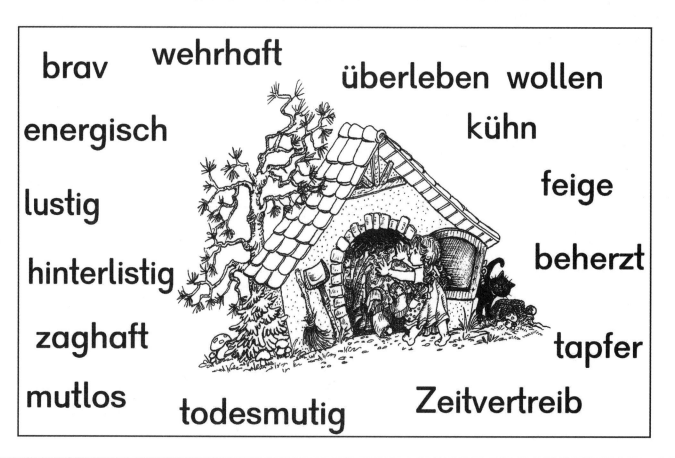

brav wehrhaft überleben wollen energisch kühn lustig feige hinterlistig beherzt zaghaft tapfer mutlos todesmutig Zeitvertreib

# Vorschläge zum **VERLAUF**
## *2 – 3 Unterrichtsstunden*

## I) HINFÜHRUNG

• Folienbild: Warum handelte Gretel so? Auswahlbegriffe – Begriff: Motiv

Motive der handelnden Personen (in Texten)

## II) ERARBEITUNG

• **AB Baron und Butler**
  • **Lesen**: mehrmals – leise/laut – Markierung: Was der Baron will ...
  • **Wiedergabe** mit eigenen Worten
  • GA/PA: **Aufgaben** (3 Beispiele – Eigenschaften – Motive)
  • **Ergebnisse** zusammenfassen: Sie handeln so, weil sie "so" sind!
  • **Transfer**: Eigene Erfahrungen (Ich konnte es nicht recht machen –
    Warum ich so handelte ...)

## III) ANWENDUNG/AUSWEITUNG

• Epische Kleinform **Gedicht**: Gedichte von Wilhelm Busch (AB 2) – in GA
• Langzeitaufgabe: Klären der Motive von Figuren in allen epischen Texten
  Hilfe: Karte zur Motivsuche (s. u.)

---

# **Karte** zur Motivsuche (Gruppenarbeit)

| Gruppe: _____ | Textsorte: _____ |
|---|---|

**Motive** der Figur _____ im Text _____

Stelle/Seite(n)/Zeile(n) _____

**Er/Sie** • machte diese **Erfahrungen**
  • hatte diese **Eigenschaften**

_____     **Darum** handelte er/sie so:

_____     _____

_____     _____

_____     _____

_____     _____

_____     _____

| Deutsch | Name:_____ | Datum: _____ |

# Text: Frage nach dem **Motiv**

**Warum** handeln die Personen so?

> das **Motiv:** Der Grund, warum jemand etwas tut

1 Ein Baron hat normalerweise einen Butler. So auch der verschwenderisch lebende, verwöhnte Baron Walter
2 von Kittinger. Das heißt: Der alte Butler war verstorben, ein neuer stellte sich bei ihm vor. „Guten Tag", sprach
3 der Neue, „ich bin Hansi, nicht erfahren im Butlern, aber lernfähig!" – „Na, versuchen wir es mal miteinander!",
4 meinte Baron Walter. Bereits am folgenden Morgen sollte sich herausstellen, dass Baron und Butler überhaupt
5 nicht zusammenpassten. Als Walter am Morgen wie gewohnt den Speiseraum betrat, um zu frühstücken,
6 stutzte er: Eine Kanne mit heißem, dampfendem Kaffee stand auf dem Tisch, ein Korb mit Brötchen, ein Block
7 Butter – aber sonst nichts. Baron Walter rief den Butler zu sich. „Das ist doch kein Frühstück!", schimpfte er.
8 „Wenn ich frühstücke, dann erwarte ich Wurst, Käse, drei Sorten Marmelade, Knäckebrot, Toast, zwei 3-Minu-
9 ten-Eier, Tee, Milch, Orangensaft, eine Portion Cornflakes und die Tageszeitung. Haben Sie mich verstanden?"
10 Butler Hansi gab sich sehr getroffen und meinte: „Jawohl, Herr Baron! Nächstes Mal passt alles!" Später wünsch-
11 te Herr Baron zu baden, der Butler sollte alles vorbereiten. Als Baron Walter ins Badezimmer kam., stutzte er
12 wieder: Das Wasser lief, ein Handtuch lag auf einem Stuhl neben der Wanne, ein Stück Seife daneben, aber
13 sonst nichts. „Hansi, kommen Sie mal her! Das ist doch kein Bad. Wenn ich bade, dann hat da zu sein: Badesalz,
14 Haarwaschmittel, Bademantel, Badeschuhe, Waschlappen, drei Handtücher, mein Minzöl, und ich habe gern ein
15 Radio neben der Wanne. Haben Sie mich verstanden, Sie Idiot?" Wieder war der Butler sehr geknickt und ge-
16 lobte Besserung. Gegen Abend fühlte sich Walter nicht wohl. Er rief seinen Butler zu sich: „Hansi, mir geht es
17 nicht gut, rufen Sie bitte einen Arzt." Hansi ging aus dem Haus und kam erst nach zwei Stunden wieder zurück.
18 „Aber Hansi," stöhnte der Baron, „wo waren Sie nur so lange? Kommt der Arzt bald?" – „Jawohl, Herr Baron",
19 erwiderte Hansi stolz, „der Arzt, der Sanitäter, der Chirurg, die Krankenschwester und ein Therapeut. Ein Lei-
20 chenbeschauer weiß Bescheid. Die Kränze sind bestellt, das Grab ist ausgehoben und der Leichenwagen steht
21 vor der Tür." (Quelle: hauptplatz.unipohl.de)

| | **Das wünschte der Baron:** | **Das besorgte der Butler:** |
|---|---|---|
| **Frühstück** | _____<br>_____<br>_____ | _____<br>_____<br>_____ |
| **Bad** | _____<br>_____<br>_____<br>_____ | _____<br>_____<br>_____<br>_____ |
| **Krankheit** | _____<br>_____<br>_____ | _____<br>_____<br>_____ |

**Eigenschaften des Barons:**        **Eigenschaften des Butlers:**

Was erfahren wir aus dem Text?

_____        _____
_____        _____
_____        _____

**Warum** schimpfte der Baron zweimal den Butler?        **Warum** übertrieb der Butler bei der Krankheit?

_____        _____
_____        _____
_____        _____

# Deutsch | Lösung

## Text: Frage nach dem **Motiv**

**Warum** handeln die Personen so?

> das **Motiv**: Der Grund, warum jemand etwas tut

1  Ein Baron hat normalerweise einen Butler. So auch der verschwenderisch lebende, verwöhnte Baron Walter
2  von Kittinger. Das heißt: Der alte Butler war verstorben, ein neuer stellte sich bei ihm vor. „Guten Tag", sprach
3  der Neue, „ich bin Hansi, nicht erfahren im Butlern, aber lernfähig!" – „Na, versuchen wir es mal miteinander!",
4  meinte Baron Walter. Bereits am folgenden Morgen sollte sich herausstellen, dass Baron und Butler überhaupt
5  nicht zusammenpassten. Als Walter am Morgen wie gewohnt den Speiseraum betrat, um zu frühstücken,
6  stutzte er: Eine Kanne mit heißem, dampfendem Kaffee stand auf dem Tisch, ein Korb mit Brötchen, ein Block
7  Butter – aber sonst nichts. Baron Walter rief den Butler zu sich. „Das ist doch kein Frühstück!", schimpfte er.
8  „Wenn ich frühstücke, dann erwarte ich Wurst, Käse, drei Sorten Marmelade, Knäckebrot, Toast, zwei 3-Minu-
9  ten-Eier, Tee, Milch, Orangensaft, eine Portion Cornflakes und die Tageszeitung. Haben Sie mich verstanden?"
10 Butler Hansi gab sich sehr getroffen und meinte: „Jawohl, Herr Baron! Nächstes Mal passt alles!" Später wünsch-
11 te Herr Baron zu baden, der Butler sollte alles vorbereiten. Als Baron Walter ins Badezimmer kam, stutzte er
12 wieder: Das Wasser lief, ein Handtuch lag auf einem Stuhl neben der Wanne, ein Stück Seife daneben, aber
13 sonst nichts. „Hansi, kommen Sie mal her! Das ist doch kein Bad. Wenn ich bade, dann hat da zu sein: Badesalz,
14 Haarwaschmittel, Bademantel, Badeschuhe, Waschlappen, drei Handtücher, mein Minzöl, und ich habe gern ein
15 Radio neben der Wanne. Haben Sie mich verstanden, Sie Idiot?" Wieder war der Butler sehr geknickt und ge-
16 lobte Besserung. Gegen Abend fühlte sich Walter nicht wohl. Er rief seinen Butler zu sich: „Hansi, mir geht es
17 nicht gut, rufen Sie bitte einen Arzt." Hansi ging aus dem Haus und kam erst nach zwei Stunden wieder zurück.
18 „Aber Hansi," stöhnte der Baron, „wo waren Sie nur so lange? Kommt der Arzt bald?" – „Jawohl, Herr Baron",
19 erwiderte Hansi stolz, „der Arzt, der Sanitäter, der Chirurg, die Krankenschwester und ein Therapeut. Ein Lei-
20 chenbeschauer weiß Bescheid. Die Kränze sind bestellt, das Grab ist ausgehoben und der Leichenwagen steht
21 vor der Tür." (Quelle: hauptplatz.unipohl.de)

| | **Das wünschte der Baron:** | **Das besorgte der Butler:** |
|---|---|---|
| **Frühstück** | Wurst, Käse, Marmelade, Knäcke- brot, Toast, 2 Eier, Tee, Milch, Orangensaft, Cornflakes, Zeitung | Kaffee, Brötchen, Butter |
| **Bad** | Badesalz, Haarwaschmittel, Bade- mantel, Badeschuhe, Waschlappen, 3 Handtücher, Minzöl, Radio | Wasser, Handtuch, Seife |
| **Krankheit** | Arzt | Arzt, Sanitäter, Chirurg, Kranken- schwester, Therapeut, Leichenbe- schauer, Kränze, Grab, Leichenwagen |

**Eigenschaften des Barons:**          **Eigenschaften des Butlers:**

Was erfahren wir aus dem Text?

verschwenderisch lebend, verwöhnt, rücksichtslos (schimpfte gleich los)

getroffen, geknickt, uner- fahren, lernfähig

**Warum** schimpfte der Baron zweimal den Butler?

Der (unerfahrene) Butler konnte es ihm nicht recht machen.

**Warum** übertrieb der Butler bei der Krankheit?

Der (unerfahrene) Butler wollte es diesmal besonders recht machen.

| Deutsch | Name:_____ | Datum: _____ |
|---------|------------------------|----------------------|

# Fragen nach den Motiven
Zwei Erzählgedichte von **Wilhelm Busch**

*Was man ernst meint,*
*sagt man am besten im Spaß!*
*Wilhelm Busch*

## Der alte Narr

1 Ein Künstler auf dem hohen Seil,
2 Der alt geworden mittlerweil,
3 Stieg eines Tages vom Gerüst
4 Und sprach: Nun will ich unten bleiben
5 Und nur noch Hausgymnastik treiben,
6 Was zur Verdauung nötig ist.
7 Da riefen alle: Oh, wie schad!
8 Der Meister scheint doch allnachgrad*
9 Zu schwach und steif zum Seilbesteigen!
10 Ha! denkt er. Dieses wird sich zeigen!
11 Und richtig, eh der Markt geschlossen,
12 Treibt er aufs Neu die alten Possen
13 Hoch in der Luft – und zwar mit Glück,
14 Bis auf ein kleines Missgeschick.
15 Er fiel herab in großer Eile
16 Und knickte sich die Wirbelsäule.
17 Der alte Narr! Jetzt bleibt er krumm!
18 So äußert sich das Publikum.

• Bemale die Meinungen und Aussagen des **Artisten grün**, die des **Publikums blau**.

In **deinen** Worten:

• Der Artist sagt, was er ursprünglich vorhatte – und warum:
_____
_____

• Die Zuschauer köderten ihn:
_____
_____

• Der Artist nennt das **Motiv** für sein **Weitermachen**:
_____
_____

• Die Zuschauer machten ihm schließlich Vorwürfe:
_____
_____

*allnachgrad (vom veralteten **nachgerade**) bedeutet _____

1 Die erste alte Tante sprach:
2 Wir müssen nun auch dran denken,
3 Was wir zu ihrem Namenstag
4 Dem guten Sophiechen schenken.

5 Drauf sprach die zweite Tante kühn:
6 Ich schlage vor, wir entscheiden
7 Uns für ein Kleid in Erbsengrün,
8 Das mag Sophiechen nicht leiden.

9 Der dritten Tante war das recht:
10 Ja, sprach sie, mit gelben Ranken!
11 Ich weiß, sie ärgert sich nicht schlecht
12 Und muss sich auch noch bedanken.

• Was **denkt** Sophiechen über ihr Namenstagsgeschenk? Was **sagt** sie zu ihren Tanten?

• Die Tanten verraten ihr **Motiv**:

Wir sind einfach nur _____ !

Quelle: de.wikisource.org/wiki/Kategorie:Wilhelm_Busch

Kompetenzorientierter Deutschunterricht PLUS 5. Jahrgangsstufe Band 2 © pb-Verlag München 2017

# Deutsch | Lösung

## Fragen nach den Motiven

**Gelesen** z. B. unter **www.youtube.com/watch?v=AnG_Fl6-vF4**
und **www.goo.gl/u8wRLj**

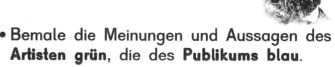

*Was man ernst meint,
sagt man am besten im Spaß!*
*Wilhelm Busch*

### Der alte Narr

1  Ein Künstler auf dem hohen Seil,
2  Der alt geworden mittlerweil,
3  Stieg eines Tages vom Gerüst
4  Und sprach: Nun will ich unten bleiben
5  Und nur noch Hausgymnastik treiben,
6  Was zur Verdauung nötig ist.
7  Da riefen alle: Oh, wie schad!
8  Der Meister scheint doch allnachgrad*
9  Zu schwach und steif zum Seilbesteigen!
10  Ha! denkt er. Dieses wird sich zeigen!
11  Und richtig, eh der Markt geschlossen,
12  Treibt er aufs Neu die alten Possen
13  Hoch in der Luft – und zwar mit Glück,
14  Bis auf ein kleines Missgeschick.
15  Er fiel herab in großer Eile
16  Und knickte sich die Wirbelsäule.
17  Der alte Narr! Jetzt bleibt er krumm!
18  So äußert sich das Publikum.

• Bemale die Meinungen und Aussagen des **Artisten grün**, die des **Publikums blau**.

In **deinen** Worten:

• Der Artist sagt, was er ursprünglich vorhatte – und warum:

> Ich wollte aufhören, weil ich zu alt dafür bin.

• Die Zuschauer köderten ihn:

> Schade, alter Schwächling!

• Der Artist nennt das **Motiv** für sein **Weitermachen**:

> Denen zeige ich es! Ich kann es noch!

• Die Zuschauer machten ihm schließlich Vorwürfe:

> Ätsch! Selber schuld! Du bist ein Narr!

*allnachgrad (vom veralteten **nachgerade**) bedeutet  **allmählich, wirklich**

---

1  Die erste alte Tante sprach:
2  Wir müssen nun auch dran denken,
3  Was wir zu ihrem Namenstag
4  Dem guten Sophiechen schenken.

5  Drauf sprach die zweite Tante kühn:
6  Ich schlage vor, wir entscheiden
7  Uns für ein Kleid in Erbsengrün,
8  Das mag Sophiechen nicht leiden.

9  Der dritten Tante war das recht:
10  Ja, sprach sie, mit gelben Ranken!
11  Ich weiß, sie ärgert sich nicht schlecht
12  Und muss sich auch noch bedanken.

Quelle: de.wikisource.org/wiki/Kategorie:Wilhelm_Busch

• Was **denkt** Sophiechen über ihr Namenstagsgeschenk? Was **sagt** sie zu ihren Tanten?

> Vielen Dank!

> Ein greulicher Fetzen!

• Die Tanten verraten ihr **Motiv**:

> Wir sind einfach nur  **boshaft (böse)** !

## THEMA

# Epische Kleinformen

### Märchen – Sage – Kurzgeschichte – Erzählgedicht

## KOMPETENZERWARTUNGEN

- Kriterien zur Unterscheidung der Textsorten erarbeiten
- Märchen, Sage, Kurzgeschichte und Erzählgedicht bestimmen
- Texte nach Anleitung untersuchen
- Lesefertigkeit und Textverständnis trainieren und verbessern

## ARBEITSMITTEL/FUNDSTELLEN

Arbeitsblätter
Text zur Zusammenfassung (s. u.)
Geeignete Anwendungstexte

### Medienzentrum/Bildstelle

4983993 Lyrik
4248536 Märchen – Mythen – Sagen

**Links:** (Stand: August 2017)

www.gedichte-fuer-alle-faelle.de
www.grimmstories.com/de/grimm_maerchen/list
www.wortwuchs.net/sage
www.youtube.com/watch?v=0_rswAkXOEM (Reihe)
www.youtube.com/watch?v=cb2WDLmmgAU (Reihe)

Wir haben keinerlei Einfluss auf die Gestaltung und die Inhalte der gelinkten Seiten und übernehmen keine Haftung für die Seiten, auf die verwiesen wird.

## TEXT zum Einstieg/zur Zusammenfassung

# Die Bodenmulde vom Walde

### Märchen? Sage? Kurzgeschichte? Erzählgedicht?

Jm Wald zwischen Paindorf und Untermarbach in Oberbayern stößt man auf eine riesige Bodenmulde. Seit Ende des 16. Jahrhunderts wird diese Naturerscheinung "Hexenloch" genannt. Woher stammt diese Bezeichnung? Es war einmal in eben jenem Wald, da lebte eine arme Familie namens Grimm. Auch die beiden Kinder, Hans und Grete, mussten jeden Tag zur Ernährung der Familie beitragen, indem sie zum Pilze- und Beerensammeln umherzogen. Einmal schweiften sie so weit weg von ihrem Hause umher, dass sie an ein kleines Häuschen gelangten, an dem das Namensschild "Franziska Hexe" hing. Nach allerlei wunderlichen Zauberdingen gelangten die Kinder ins Jnnere dieses Häuschens: Franziska Hexe bat sie herein. „Jch muss euch eine Geschichte erzählen!", sprach die Frau Hexe zu den Kindern. „Also, hört zu! Neulich musste ich eine Zwiebel schneiden. Was musste ich da weinen! Die Tränen liefen mir über das Gesicht. Doch ich brauchte die Zwiebel für meinen Schweinebraten. Unbedingt! Jch überlegte schon, ob ich ein schärferes Messer nehmen sollte. Vielleicht würden da die Ziebelsäfte nicht so aufsteigen. Schließlich bemerkte ich, dass ich gar keine Zwiebel schnitt. Es war eine Kartoffel! So weitsichtig bin ich!" Die Kinder lachten anstandshalber. Frau Hexe nahm die zwei gefangen / und sperrte Hans in ihren Stall. / Die Grete musst' ihr Werk anfangen / und putzt' das Haus allüberall. / Doch als Frau Hexe sagte eben: / „Jm Ofen, wo man backet Brot, / da würde Hans ein Mahl ergeben!", / schob Grete an. Frau Hex' war tot!
Was weniger bekannt ist: Nachdem die beiden Kinder schon wieder zu Hause waren, tat es am Hexenhäuschen einen Knall – Rauch stieg auf und der Erdboden verschluckte Häuschen und Asche der Frau Hexe. Eine riesige Bodenmulde war entstanden! Und wenn sie nicht gestorben sind, dann – äh – gibt es diese Bodenmulde heute noch.

# Lösungen S. 35 – S. 38

## Erzählende Kleinformen
### Das **Märchen**

*Ach, wie gut, dass niemand weiß ...*

#### Die drei Federn (Ausschnitt)
Gebrüder Grimm

ⓐ Es war einmal ein König, der hatte drei Söhne, da-
ⓑ von waren zwei klug und gescheit, aber der dritte
sprach nicht viel, war einfältig und hieß nur der
ⓒ Dummling. Als der König alt und schwach ward und
an sein Ende dachte, wusste er nicht, welcher von
seinen Söhnen nach ihm das Reich erben sollte. Da
ⓓ sprach er zu ihnen: Zieht aus, und wer mir den
feinsten Teppich bringt, der soll nach meinem Tod
König sein. Und damit es keinen Streit unter ihnen
gab, führte er sie vor sein Schloss, blies drei Federn
in die Luft und sprach: Wie die fliegen, so sollt ihr
ziehen. Die eine Feder flog nach Osten, die andere
nach Westen, die dritte flog aber geradeaus, und
flog nicht weit, sondern fiel bald zur Erde. Nun ging
der eine Bruder rechts, der andere ging links, und
sie lachten den Dummling aus, der bei der dritten
Feder, da, wo sie niedergefallen war, bleiben musste. Der Dummling setzte sich nieder und war traurig.
Da bemerkte er auf einmal, dass neben der Feder
eine Falltüre lag. Er hob sie in die Höhe, und fand eine
Treppe und stieg hinab. Da kam er vor eine andere
Türe, klopfte an und hörte, wie es inwendig rief:
ⓕ *Jungfer grün und klein, Hutzelbein, Hutzelbeins*
*Hündchen, Hutzel hin und her, lass geschwind*
*sehen, wer draußen wär.* Die Türe tat sich auf, und
er sah eine grosse dicke Jtsche (Krote) sitzen und
rings um sie eine Menge kleiner Jtschen. Die dicke
Jtsche fragte, was sein Begehren wäre. Er antwortete: Ich hätte gerne den schönsten und feinsten
Teppich. Da rief sie eine junge und sprach: *Jungfer*
*grün und klein, Hutzelbein, Hutzelbeins Hündchen,*
*Hutzel hin und her, bring mir die große Schachtel*
*her.* Die junge Jtsche holte die Schachtel, und die
dicke Jtsche machte sie auf und gab dem Dummling
einen Teppich heraus, so schön und so fein, wie
oben auf der Erde keiner konnte gewebt werden.
Da dankte er ihr und stieg wieder hinauf. Die beiden
andern hatten aber ihren jüngsten Bruder für so
albern gehalten, dass sie glaubten, er würde gar
nichts finden und aufbringen. Was sollen wir uns
mit Suchen groß Mühe geben', sprachen sie, näh-
men der ersten besten Schäfersfrau, das ihnen
begegnete, die groben Tücher vom Leib und trugen
sie dem König heim. Zu derselben Zeit kam auch
der Dummling zurück und brachte seinen schönen
Teppich, und als der König den sah, staunte er und
ⓖ sprach: Wenn es dem Recht nach gehen soll, so
gehört dem Jüngsten das Königreich.' Aber die zwei
andern ließen dem Vater keine Ruhe (...)
ⓗ *Also bekam Dummling die Krone. Und wenn sie nicht*
*gestorben sind, so leben sie noch heute.*

**Merkmale:**

ⓐ Oft **beginnen** bzw. **enden** sie mit
den Formeln:
_Es war einmal ... – Und wenn_
_sie nicht gestorben sind ..._

ⓑ Oft spielen diese **Zahlen** eine Rolle:
_3_ (Der gestiefelte Kater) – _7_ (Geiß-
lein) – _12_ (Dornröschen)

ⓒ Die **Handlung** findet statt **zwischen**
_Gut – Böse, Arm – Reich,_
_Beschränkt – Klug_

ⓓ Der **Held** bekommt
_eine Aufgabe, die er (mit Prü-_
_fungen) löst._

ⓔ Ein **Stilmittel**:
_Zaubersprüche, magische_
_Reime, Verse_

ⓕ **Tiere**
_sprechen, haben besondere_
_Kräfte_

ⓖ Es gibt **immer** ein
_Happy End_

**Weitere Merkmale:**

• Ort/Zeit: _unbekannt_

• **Namen:** _meist unbekannt (Prinz,_
_Hexe, Königin ...)_

• **Problemlösung:** _Zauberei_

---

## Erzählende Kleinformen
### Die Sage

*De Wocha fangt scho guat o!*
(Der **Sage** nach Ausspruch Kneißls
am Tage seiner Hinrichtung)

**Mathias Kneißl,**
1875 - 1902,
bayerischer Räuber

**Ausschnitte** aus echten Sagen:

ⓐ *In der Gegend erzählt man sich* Version 1 / Version 2

ⓑ Vor mehr als sechshundert Jahren ist das
Rathaus in Wasserburg gebaut worden. Zur
gleichen Zeit mit dem Ratsgebäude sollte aber
auch noch eine Kirche errichtet werden. ☐

Da schickte der Wettergott Hadad Blitze und
Donner auf Qarqar, und alle wurden sie
vernichtet. ☐

Gegenüber dem Nonnenfelsen erhebt sich ein
Felsgebilde, das man die Teufelsmauer nennt.

Klaus Störtebeker ist, bevor er Seeräuber
geworden, ein Edelmann gewesen.

ⓒ ... das durch mannigfache mittelalterliche Kunst
berühmte Schloss des Fürsten zu Fürstenberg.
Was heute diesen Namen führt, ist teils im 13.,
teils im 16. Jahrhundert entstanden.

ⓓ Im badischen Oberlande lebte eine reiche,
kinderlose Bauersfrau, welche eine Hexe
war. Immer mittwochs und freitags begab
sie sich zum Hexentanz.

ⓔ Damit hatte der Herr Gott erwecklich kund
getan, was folgen werde: Ein Strafgericht
für die Bösen, die solche Warnung und
Ermahnung zur Buße unbefolgt lassen
würden.

**Merkmale:**

ⓐ Sagen wurden
_mündlich erzählt_ und dabei
_immer wieder verändert._

ⓑ In Sagen **geht es um:**

• die **Entstehung** von _Gebäuden_

• die **Erklärung** von _Naturerscheinungen_
*(Die Wissenschaft war noch nicht so weit!)*

• die **Entstehung** von _Geländemerkmalen_

• historische _Personen_

ⓒ _Wahrer_ Kern:
**Genaue Angabe** von
• _Ort_
und • _Zeit_

ⓓ **Manchmal** findet man in Sagen
_übernatürliche_ **Wesen:**
(Hexen, Zwerge, Riesen, sprechen-
de Tiere ...)

ⓔ Wer **Böses** tut,
_wird bestraft._

**Arten** von Sagen:

• _Göttersage_ (Griechen)
Erzählt von Göttern unter Menschen

• _Heldensage_ (Griechen, Römer ...)
Erzählt von (Kriegs-)Helden

• _Örtliche Sage_
in jeder Gegend

---

## Erzählende Kleinformen
### Die **Kurzgeschichte**

*Eine Kurzgeschichte ist eine Geschichte, an der
man sehr lange arbeiten muss, bis sie kurz ist.*
Vicente Aleixandre,
spanischer Schriftsteller

#### Schon wieder!

Verdammt, schon wieder verschlafen!

Diesmal bekomme ich gewiss einen
gewaltigen Anpfiff meines Lehrers!

Ja, der Kevin, der ist unzuverlässig und
verschlafen, heißt es wieder.
Kevin, unsere Schlafmütze!
Ich schaffe es auch nicht, auf meinen
Wecker zu hören. Läuft Musik, dann baue
ich die in meine Träume ein. Pfeift er, stelle
ich ihn schlaftrunken aus.
Soll ich mich aufregen? Nein! Ich beruhige
mich während des Zähneputzens selbst:
,Ruhig, Kevin! Bist ja sowieso zu spät dran.
Jetzt kannst du dich auch in Ruhe fertig
machen!'
Waschen? Nein, stinkend ist besser, da
kann ich sagen, ich hätte noch Kohlen
schaufeln und einheizen müssen, bevor
meine Eltern von der Nachtschicht nach
Hause kommen werden.
Schnell noch in Hose und Hemd. Ein Blick
auf die Uhr: Dreiviertel acht. Genau jetzt
sollte ich in der Schule ankommen.

Es klingelt. Wenn man es mal eilig hat ...!

Marion steht draußen. ,Hey, Kevin, du bist
schon fertig? Na, dann nix wie los!'

Langsam dämmert es mir: Es ist Sonntagabend, 19:45 Uhr!

**Bemale:**
• was "die" wohl sagen werden **blau**
• seine Ausrede ("da kann ich sagen") **braun**
• den überraschenden Schluss **grün**

**Merkmale:**

**Länge:** _kurz (bis zu 3 Seiten)_

**Einleitung:** _fehlt_
Wer? Wo? Wann? Was?

**Schluss:** _Überraschendes Ende_
oder _Offenes Ende_

**Thema:** _Aus dem Alltag_

**Figuren:** _Wenige, wie du und ich_

**Ort:** _Keine Angaben_

**Kurzgeschichte = Eisberg**

erzählt

nicht erzählt

Bei einer Kurzgeschichte müssen wir
**zwischen den Zeilen lesen**, d. h.
• Der **Autor** hat viel _weggelassen._
*Fragen zum Text nebenan, z. B.:*
_Hat er schon öfter verschlafen?_
_Wodurch wacht er auf?_
_Wohin wollen sie gehen?_ usw.
• **Wir** müssen uns das Weggelassene
_selbst denken._

---

## Erzählende Kleinformen
### Das **Erzählgedicht**

*Aber hier, wie überhaupt,
kommt es anders als man glaubt.*

#### Hauptgewinn der Lotterie

Ein Mann, zuhaus im Orte Wehen,
kniet nieder vor dem Schlafengehen
und bittet Gott: ,Verhilf mir hie'
zum Hauptgewinn der Lotterie!'

1 2 3 ✗ 5 6 7
✗ 9 10 11 12 13 14

Jahrein, jahraus die selbe Leier:
Der Mann, – mit Namen heißt er Meier –
er bittet Gott: ,Verhilf mir hie'
zum Hauptgewinn der Lotterie!'

1 2 3 ✗ 5 6 7
✗ ✗ 10 11 12 13 14

Der Mann wird alt, der Mann wird greise,
die Stimme ist schon ziemlich leise.
Doch seine Bitt' vergisst er nie:
Um 'n Hauptgewinn der Lotterie.

1 2 3 ✗ 5 6 7
✗ ✗ 10 11 12 13 14

Die Gier nach Geld Herrn Meier plagt,
als eine Stimme zu ihm sagt:
,Ist gut. Gib mir die Chance bloß
und kauf dir endlich mal ein Los!'

1 2 3 ✗ 5 6 7
✗ ✗ 10 11 12 13 14

Was sagt uns diese Kurzgeschicht'?
Du musst was tun, sonst geht es nicht!
Ohn' Los wirst du erhalten nie
den Hauptgewinn der Lotterie.

**Das Erzählgedicht**
erzählt eine _Geschichte_
_in Gedichtform._

**Erzählung** mit
▪ **E**inleitung - **H**auptteil - **S**chluss
▪ " _Wörtlicher Rede_ "

**Gedicht**

die
_Verse_ → Drüben am Walde
Kängt ein Guruh.
Warte nur, balde
Kängurst auch du.
die _Strophe_

Die drei wichtigsten **Reimformen:**
Bemale die Reimwörter und die Kreise gleichfarbig!

• Der **Paarreim**
War einmal ein Bumerang; ○
War ein weniges zu lang; ○
Bumerang flog ein Stück, ○
Aber kam nicht mehr zurück. ○

• Der **Kreuzreim**
Droben auf dem Apfelbaume, ○
der sehr süße Birnen trug, ○
hing des Frühlings letzte Pflaume, ○
und an Nüssen noch genug. ○

• Der **umarmende Reim**
Frühling lässt sein blaues Band ○
Wieder flattern durch die Lüfte; ○
Süße, wohl bekannte Düfte ○
Streifen ahnungsvoll das Land. ○

**Belehrende Gedichte:**

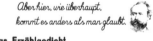
Was _lernen wir daraus_ ?

---

# Deutsch

**Name:**_____    **Datum:** _____

## Erzählende Kleinformen
# Das **Märchen**

*Ach, wie gut, dass niemand weiß ...*

## Die drei Federn (Ausschnitt)
### Gebrüder Grimm

(a)
(b)
(c)

(d)

(e)

(f)

(g)
(a)

Es war einmal ein König, der hatte drei Söhne, davon waren zwei klug und gescheit, aber der dritte sprach nicht viel, war einfältig und hieß nur der Dummling. Als der König alt und schwach ward und an sein Ende dachte, wusste er nicht, welcher von seinen Söhnen nach ihm das Reich erben sollte. Da sprach er zu ihnen: "Zieht aus, und wer mir den feinsten Teppich bringt, der soll nach meinem Tod König sein." Und damit es keinen Streit unter ihnen gab, führte er sie vor sein Schloss, blies drei Federn in die Luft und sprach: "Wie die fliegen, so sollt ihr ziehen." Die eine Feder flog nach Osten, die andere nach Westen, die dritte flog aber geradeaus, und flog nicht weit, sondern fiel bald zur Erde. Nun ging der eine Bruder rechts, der andere ging links, und sie lachten den Dummling aus, der bei der dritten Feder, da, wo sie niedergefallen war, bleiben musste. Der Dummling setzte sich nieder und war traurig. Da bemerkte er auf einmal, dass neben der Feder eine Falltüre lag. Er hob sie in die Höhe, fand eine Treppe und stieg hinab. Da kam er vor eine andere Türe, klopfte an und hörte, wie es inwendig rief: "Jungfer grün und klein, Hutzelbein, Hutzelbeins Hündchen, Hutzel hin und her, lass geschwind sehen, wer draußen wär." Die Türe tat sich auf, und er sah eine grosse dicke Jtsche (Kröte) sitzen und rings um sie eine Menge kleiner Jtschen. Die dicke Jtsche fragte, was sein Begehren wäre. Er antwortete: "Jch hätte gerne den schönsten und feinsten Teppich." Da rief sie eine Junge und sprach: "Jungfer grün und klein, Hutzelbein, Hutzelbeins Hündchen, Hutzel hin und her, bring mir die große Schachtel her." Die junge Jtsche holte die Schachtel, und die dicke Jtsche machte sie auf und gab dem Dummling einen Teppich heraus, so schön und so fein, wie oben auf der Erde keiner konnte gewebt werden. Da dankte er ihr und stieg wieder hinauf. Die beiden andern hatten aber ihren jüngsten Bruder für so albern gehalten, dass die glaubten, er würde gar nichts finden und aufbringen. "Was sollen wir uns mit Suchen groß Mühe geben," sprachen sie, nahmen der ersten besten Schäfersfrau, das ihnen begegnete, die groben Tücher vom Leib und trugen sie dem König heim. Zu derselben Zeit kam auch der Dummling zurück und brachte seinen schönen Teppich, und als der König den sah, staunte er und sprach: "Wenn es dem Recht nach gehen soll, so gehört dem Jüngsten das Königreich." Aber die zwei andern ließen dem Vater keine Ruhe (...)
Also bekam Dümmling die Krone. Und wenn sie nicht gestorben sind, so leben sie noch heute.

## **Merkmale**:

(a) Oft **beginnen** bzw. **enden** sie mit den Formeln:

_____

_____

(b) Oft spielen diese **Zahlen** eine Rolle:

_____

_____

(c) Die **Handlung** findet statt **zwischen**

_____

_____

(d) Der **Held** bekommt

_____

_____

(e) Ein **Stilmittel**:

_____

_____

(f) **Tiere**

_____

_____

(g) Es gibt **immer** ein

_____

## Weitere **Merkmale**:

• **Ort/Zeit:** _____

• **Namen:** _____

_____

• **Problemlösung:** _____

| Deutsch | Name:_____ | Datum: _____ |
|---|---|---|

## Erzählende Kleinformen

# Die Sage

*De Wocha fangt scho guat o!*
(Der **Sage nach** Ausspruch Kneißls am Tage seiner Hinrichtung)

**Mathias Kneißl,**
*1875 – 1902,*
*bayerischer Räuber*

**Ausschnitte** aus echten Sagen:

ⓐ Version 1   In der Gegend  erzählt man sich   Version 2

ⓑ
Vor mehr als sechshundert Jahren ist das Rathaus in Wasserburg gebaut worden. Zur gleichen Zeit mit dem Ratsgebäude sollte aber auch noch eine Kirche errichtet werden.

☐

Da schickte der Wettergott Hadad Blitze und Donner auf Qarqar, und alle wurden sie vernichtet.

☐

Gegenüber dem Nonnenfelsen erhebt sich ein Felsgebilde, das man die Teufelsmauer nennt.

☐

Klaus Störtebeker ist, bevor er Seeräuber geworden, ein Edelmann gewesen.

ⓒ
... das durch mannigfache mittelalterliche Kunst berühmte Schloss des Fürsten zu Fürstenberg. Was heute diesen Namen führt, ist teils im 13., teils im 16. Jahrhundert entstanden.

ⓓ
Im badischen Oberlande lebte eine reiche, kinderlose Bauersfrau, welche eine Hexe war. Immer mittwochs und freitags begab sie sich zum Hexentanz.

ⓔ
Damit hatte der Herr Gott erwecklich kund getan, was folgen werde: Ein Strafgericht für die Bösen, die solche Warnung und Ermahnung zur Buße unbefolgt lassen würden.

## Merkmale:

ⓐ Sagen wurden

_____ und dabei

_____

ⓑ In Sagen **geht es um**

• die **Entstehung** von _____

• die **Erklärung** von _____
*(Die Wissenschaft war noch nicht so weit!)*

• die **Entstehung** von _____

• **historische** _____

ⓒ _____ Kern:
**Genaue Angabe** von

• _____

und • _____

ⓓ **Manchmal** findet man in Sagen
_____ **Wesen**:

_____

_____

ⓔ Wer **Böses** tut,

_____

## Arten von Sagen:

• _____ (Griechen)
Erzählt von Göttern unter Menschen

• _____ (Griechen, Römer ...)
Erzählt von (Kriegs-)Helden

• _____
in jeder Gegend

| Deutsch | Name: _____ | Datum: _____ |

## Erzählende Kleinformen
# Die **Kurzgeschichte**

*Eine Kurzgeschichte ist eine Geschichte, an der man sehr lange arbeiten muss, bis sie kurz ist.*
Vicente Aleixandre,
spanischer Schriftsteller

# Schon wieder!

Verdammt, schon wieder verschlafen!

Diesmal bekomme ich gewiss einen gewaltigen Anpfiff meines Lehrers!

Ja, der Kevin, der ist unzuverlässig und verschlafen, heißt es wieder.
Kevin, unsere Schlafmütze!
Jch schaffe es auch nicht, auf meinen Wecker zu hören. Läuft Musik, dann baue ich die in meine Träume ein. Pfeift er, stelle ich ihn schlaftrunken aus.
Soll ich mich aufregen? Nein! Jch beruhige mich während des Zähneputzens selbst:
„Ruhig, Kevin! Bist ja sowieso zu spät dran. Jetzt kannst du dich auch in Ruhe fertig machen!"
Waschen? Nein, stinkend ist besser, da kann ich sagen, ich hätte noch Kohlen schaufeln und einheizen müssen, bevor meine Eltern von der Nachtschicht nach Hause kommen werden.
Schnell noch in Hose und Hemd. Ein Blick auf die Uhr: Dreiviertel acht. Genau jetzt sollte ich in der Schule ankommen.

Es klingelt. Wenn man es mal eilig hat ...!

Marion steht draußen. „Hey, Kevin, du bist schon fertig? Na, dann nix wie los!"

Langsam dämmert es mir: Es ist Sonntagabend, 19:45 Uhr!

**Bemale**
• was "die" wohl sagen werden **blau**
• seine Ausrede ("da kann ich sagen") **braun**
• den überraschenden Schluss **grün**

## **Merkmale**:

**Länge**: _____

**Einleitung**: _____
Wer? Wo? Wann? Was?

**Schluss**: _____
oder _____

**Thema**: _____

**Figuren**: _____

**Ort**: _____

## **Kurzgeschichte = Eisberg**

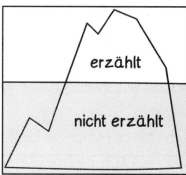
erzählt / nicht erzählt

Bei einer Kurzgeschichte müssen wir **zwischen den Zeilen lesen**, d. h.
• Der **Autor** hat viel _____
  *Fragen zum Text nebenan, z. B.:*
_____
_____
• **Wir** müssen uns das Weggelassene
_____

| Deutsch | Name:_____ | Datum: _____ | |

## Erzählende Kleinformen
# Das **Erzählgedicht**

*Aber hier, wie überhaupt,*
*kommt es anders als man glaubt.*

## Hauptgewinn der Lotterie

Ein Mann, zuhaus im Orte Wehen,
kniet nieder vor dem Schlafengehen
und bittet Gott: „Verhilf mir hie'
zum Hauptgewinn der Lotterie!"

1 2 3 ☒ 5 6 7
☒ 9 ☒ 11 12 13 14

Jahrein, jahraus die selbe Leier:
Der Mann, – mit Namen heißt er Meier –
er bittet Gott: „Verhilf mir hie'
zum Hauptgewinn der Lotterie!"

1 2 3 ☒ 5 6 7
☒ 9 ☒ 11 12 13 14

Der Mann wird alt, der Mann wird greise,
die Stimme ist schon ziemlich leise.
Doch seine Bitt' vergisst er nie:
Um 'n Hauptgewinn der Lotterie.

1 2 3 ☒ 5 6 7
☒ 9 ☒ 11 12 13 14

Die Gier nach Geld Herrn Meier plagt,
als eine Stimme zu ihm sagt:
„Jst gut. Gib mir die Chance bloß
und kauf dir endlich mal ein Los!"

1 2 3 ☒ 5 6 7
☒ 9 ☒ 11 12 13 14

Was sagt uns diese Kurzgeschicht'?
Du musst was tun, sonst geht es nicht!
Ohn' Los wirst du erhalten nie
den Hauptgewinn der Lotterie. ➡

### Das Erzählgedicht
erzählt eine _____
_____

**Erzählung** mit

■ E_____ - H_____ - S_____

■ „_____"

### Gedicht

die

Drüben am Walde     die
Kängt ein Guruh.
Warte nur, balde
Kängurst auch du.

_____  ‹  _____

### Die drei wichtigsten **Reimformen**:
Bemale die Reimwörter und die Kreise gleichfarbig!

● Der _____
War einmal ein Bumerang;
War ein weniges zu lang.
Bumerang flog ein Stück,
Aber kam nicht mehr zurück.
○ ○ ○ ○

● Der _____
Droben auf dem Apfelbaume,
der sehr süße Birnen trug,
hing des Frühlings letzte Pflaume,
und an Nüssen noch genug.
○ ○ ○ ○

● Der _____
Frühling lässt sein blaues Band
Wieder flattern durch die Lüfte;
Süße, wohl bekannte Düfte
Streifen ahnungsvoll das Land.
○ ○ ○ ○

### Belehrende Gedichte:

Was _____ ?

# THEMA

## Sachtexten **Informationen** entnehmen

# KOMPETENZERWARTUNGEN

- Texten aus unterschiedlichen Medien Informationen entnehmen
- Wesentliche Inhalte erfassen und wiedergeben
- Entnommene Inhalte zu Schaubildern umformen
- Hörmedien verstehend zuhören (Lernbereich 1)

# ARBEITSMITTEL/FUNDSTELLEN

Arbeitsblätter, Folie
Hörtext (Internet)
Geeignete Sachtexte (NT/GPG)

**Hörmedium:**

**Reportage vom Mond** unter *goo.gl/u8wRLj*

**Links:** (Stand: August 2017)

www.kapiert.de
www.youtube.com/watch?v=NqlXyX9_FAk
www.digitale-schule-bayern.de/dsdaten/
 585/608.doc
www.medienkompetenzportal-nrw.de/praxis/
 linktipps/hoermedien-radio.html

Wir haben keinerlei Einfluss auf die Gestaltung und die Inhalte der gelinkten Seiten und übernehmen keine Haftung für die Seiten, auf die verwiesen wird.

# FOLIENBILD zur Hinführung

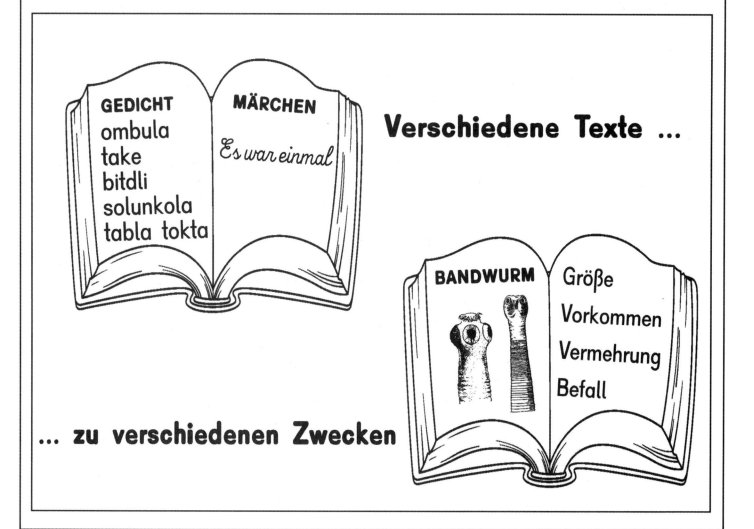

GEDICHT
ombula
take
bitdli
solunkola
tabla tokta

MÄRCHEN
*Es war einmal*

**Verschiedene Texte ...**

BANDWURM
Größe
Vorkommen
Vermehrung
Befall

**... zu verschiedenen Zwecken**

# Vorschläge zum VERLAUF

## I) HINFÜHRUNG

- Folie: Gespräch über Textsorten und deren Einsatz

## II) ERARBEITUNG

- **AB *1*: Selbstständige Informationsentnahme/Wiedergabe**

    - GA: Textbearbeitung nach 6 Aufgaben,
      dazu: Informieren (Wörterbuch/Internet) – Wortsuche – Überschriften –
      Formulierungen
    - Zusammenschau der Gruppenergebnisse (Tafel/Folie)

## III) ANWENDUNG/AUSWEITUNG

- **AB 2**: "Fuchsbandwurm" mit Aufgaben/Fragen **in GA**
- **AB 3**: Einsatz eines Hörmediums (Reportage) – Rätsel **in GA**
- Weitere geeignete Texte (auch von Radio/Fernsehen/Internet) bearbeiten

# VORLESETEXT
**Vorgelesen** oder als **Hörmedium** (goo.gl/u8wRLj)

**Reportage vom Kartoffelmond**

Hallo! Hallo! Hört mich keiner? Ist egal, ich fang jetzt einfach mal an!
Ich bin's, die Astronautin N. Ihr wisst sicher, dass ich unterwegs zum Mars war. 210 Tage habe ich von der Erde aus gebraucht, um hierher zu kommen. Gelandet bin ich vorhin aber nicht auf dem Mars selbst, sondern auf Deimos, einem Mond des Mars. Ja, ich wollte eigentlich direkt zum Mars, aber mein Roboter-Landefahrzeug navigierte mich 20000 Kilometer weiter, zum Mond Deimos! Von dort berichte ich gerade! Es ist seltsam hier! Deimos ist ziemlich klein, er hat nur 12 Kilometer im Durchmesser. Es handelt sich bei ihm wahrscheinlich um einen ehemaligen Asteroiden, einen Kleinkörper also, der vom Mars eingefangen wurde. Hier fehlt die Anziehungskraft fast völlig, das heißt, mein Landefahrzeug musste ich im schwarzen Kohleboden verankern – sonst wäre ich längst in den Weltraum hinausgeschwebt. Stellt euch mal vor, ich steige aus, mache einen Schritt – und fliege so weit in das All, dass ich nie mehr zurückkehren kann. Deimos zeigt dem Mars immer die gleiche Seite. Wenn dieser Mond also um den Mars rotiert, sehe ich von hier aus die ganze Zeit den roten Planeten. Ein Deimostag – also die Umlaufdauer um den Mars – dauert hier etwa 30 Stunden. Aussteigen kann ich leider nur im Raumanzug: Keine Luft, dafür aber – Moment, ich schau mal – minus 100 Grad! Ganz komisch: Deimos ist nicht rund. Er hat eine unregelmäßige Form, wie eine Kartoffel! Ich weiß zufällig, dass Deimos vom US-Amerikaner Asaph Hall entdeckt wurde – und das schon im Jahre 1877! So, ich geh jetzt trotzdem mal raus und ein bisschen in der Kraterlandschaft spazieren – angeseilt natürlich! Ich freu mich schon, wenn ich in einem Monat abgeholt werde von hier. Viele Grüße an meine Oma und meinen Opa! Melde mich morgen, also in 30 Stunden wieder! Ende und over!

| Deutsch | Name: _____ | Datum: _____ |
|---------|--------------------------|----------------------|

# Selbstständige Informationsentnahme
## und **Wiedergabe** des Textinhaltes

**Putz die Zähne!**

### **1.** Ich lese den Text mehrmals.

Das Zähneputzen stellt die Basis der gesamten Zahnpflege dar und ist durch keine andere Maßnahme zu ersetzen. Dieser manuelle Reinigungsvorgang der Zähne dient der Entfernung der Zahnbeläge auf den Zähnen und am Zahnfleischrand. Die Entfernung von Zahnbelägen ist wichtig, da sie der Nährboden für Bakterien sind. Die Bakterien verursachen Karies, Zahnfleischentzündungen, Parodontose und sind die Hauptursache für Mundgeruch. Für eine gute Zahnhygiene und ein effektivere Zahnpflege ist natürlich auch das Werkzeug, die Zahnbürste, wichtig. Die Zahnbürste sollte für dich angenehm putzen und keine Schmerzen verursachen. Bei einer normalen Handzahnbürste empfehlen wir eine Zahnbürste mit einem nicht zu großen Bürstenkopf mit abgerundeten Kunststoffborsten. Die Zahnpasten, die du im Handel kaufen kannst, enthalten im Wesentlichen alle die gleichen Inhaltsstoffe. Um die Reinigungswirkung zu verstärken, enthalten sie Tenside und mechanische Abrasivstoffe, die den Zahn polieren. Um vor allem Karies vorzubeugen sind die Zahnpasten mit Fluoriden angereichert, die den Zahnschmelz stärken sollen.
(nach: www.360gradzahn.de)

### **2.** Ich unterstreiche unbekannte Wörter und schlage nach!

Basis: _____     manuell: _____

Karies: _____     Parodontose: _____

effektiv: _____     Tenside: _____

abrasiv: _____     Fluoride: _____

### **3.** Ich notiere - der Reihe nach - die wichtigsten Wörter:

_____

_____

_____

### **4.** Ich unterteile den Text in sinnvolle Abschnitte!

Dazu bemale ich im Text die Abschnitte verschiedenfarbig und trenne sie ab: |

### **5.** Jeder Abschnitt erhält eine Überschrift!

**a.** _____     **b.** _____

**c.** _____

### **6.** Mit jeder Überschrift formuliere ich einen Satz!

_____

_____

_____

# Deutsch | Lösung/Beispiel

## Selbstständige Informations**entnahme**
und **Wiedergabe** des Textinhaltes

### 1. Ich lese den Text mehrmals.

**Putz die Zähne!**

Das Zähneputzen stellt die <u>Basis</u> der gesamten Zahnpflege dar und ist durch keine andere Maßnahme zu ersetzen. Dieser <u>manuelle</u> Reinigungsvorgang der Zähne dient der Entfernung der Zahnbeläge auf den Zähnen und am Zahnfleischrand. Die Entfernung von Zahnbelägen ist wichtig, da sie der Nährboden für Bakterien sind. Die Bakterien verursachen <u>Karies</u>, Zahnfleischentzündungen, <u>Parodontose</u> und sind die Hauptursache für Mundgeruch. | Für eine gute Zahnhygiene und ein <u>effektivere</u> Zahnpflege ist natürlich auch das Werkzeug, die Zahnbürste, wichtig. Die Zahnbürste sollte für dich angenehm putzen und keine Schmerzen verursachen. Bei einer normalen Handzahnbürste empfehlen wir eine Zahnbürste mit einem nicht zu großen Bürstenkopf mit abgerundeten Kunststoffborsten. | Die Zahnpasten, die du im Handel kaufen kannst, enthalten im Wesentlichen alle die gleichen Inhaltsstoffe. Um die Reinigungswirkung zu verstärken, enthalten sie <u>Tenside</u> und mechanische <u>Abrasivstoffe</u>, die den Zahn polieren. Um vor allem Karies vorzubeugen sind die Zahnpasten mit <u>Fluoriden</u> angereichert, die den Zahnschmelz stärken sollen.
(nach: www.360gradzahn.de)

### 2. Ich unterstreiche unbekannte Wörter und schlage nach!

Basis: __Grundlage__          manuell: __mit der Hand__

Karies: __Zahnfäule__          Parodontose: __Zahnfleischzerstörung__

effektiv: __wirkungsvoll__          Tenside: __Seifen__

abrasiv: __schleifende Wirkung__          Fluoride: __Gifte und Zahnschutz__

### 3. Ich notiere – der Reihe nach – die wichtigsten Wörter:

Zähneputzen – Basis – Entfernung der Zahnbeläge – Bakterien – Werkzeug – keine Schmerzen – Kunststoffborsten – Zahnpasten alle gleich – Tenside und Abrasivstoffe – Fluoride

### 4. Ich unterteile den Text in sinnvolle Abschnitte!

Dazu bemale ich im Text die Abschnitte verschiedenfarbig und trenne sie ab: |

### 5. Jeder Abschnitt erhält eine Überschrift!

**a.** __Warum Zähneputzen?__          **b.** __Die Zahnbürste__

**c.** __Die Zahnpasten__

### 6. Mit jeder Überschrift formuliere ich einen Satz!

Ich muss meine Zähne putzen, um Krankheiten vorzubeugen und Mundgeruch zu verhindern. Bewährt haben sich Zahnbürsten mit Kunststoffborsten. Alle Zahnpasten enthalten Seifen, Schmirgelstoffe und Fluoride zur Zahnschmelzstärkung.

| Deutsch | Name:_____ | Datum: _____ |

# Ich entnehme dem Text Informationen

## Der Text

### Der Fuchsbandwurm – Auftreten – Entwicklung – Wirte – Befall

Der Fuchsbandwurm ist einer der Parasiten, die in unseren Breitengraden vorkommen und beim Menschen eine sehr seltene, aber mitunter lebenslängliche Erkrankung verursachen. Grundsätzlich kommt er im Darm des Fuchses vor, aber auch im Darm von Hund und Katze. Er ist nur wenige Millimeter groß und besteht aus einem Kopf mit Saugnäpfen, die zum Anheften an die Darmwand dienen und aus drei bis fünf Gliedern, die ständig neu gebildet werden können. Diese erneuerbaren Glieder werden, sobald sie voll reifer Fuchsbandwurmeier sind, abgestoßen und gelangen so über den Kot in die Umwelt. Hier nimmt sie ein "Zwischen-wirt" auf. Dies sind in den meisten Fällen Kleinnager wie z. B. Mäuse oder Bisamratten. Im Darm des Zwischenwirtes schlüpfen dann kleine Larven aus den Eiern, die dann in erster Linie zur Leber wandern. Hier zerstören die Larven das Lebergewebe. Der Kreislauf wird gechlossen, wenn der Zwischenwirt von einem "Endwirt", beispielsweise einem Fuchs, gefressen wird. In dessen Darm entwickeln sich die Larven dann zu einem erwachsenen Bandwurm. Der Fuchsbandwurm ist grundsätzlich in ganz Deutschland und allen angrenzenden Ländern angesie-delt. Der Mensch infiziert sich, indem er Fuchsbandwurmeier aus dem Kot eines Endwirtes (Fuchs, Hund, Katze ...) aufnimmt. Dies kann zum einen durch einen engen Tierkontakt mit dem eigenen Haustier oder durch befallene Lebensmittel geschehen. Nicht nur Waldfrüche und Pilze können durch den Kot der Tiere kontaminiert sein, sondern auch Fallobst und Kulturgemüse aus Haus-gärten. Zwischen Aufnahme von Fuchsbandwurmeiern und dem Auftreten der ersten Beschwerden beim Menschen können Monate bis Jahre vergehen, wodurch sich kein Betroffener mehr an die Ansteckungsursache erinnern kann.

Quelle: www.kreis-euskirchen.de

**1.** Zeichne den **Bandwurm** weiter! Beschrifte! *(Text: blau)*

**2. Wie** und **wo** entwickelt er sich? *(Text: grün)*

Der _____wirt gibt _____

_____

an die Umwelt ab.

Der _____wirt nimmt die

_____ auf, _____

entwickeln sich in ihm.

Der _____wirt wird vom

_____wirt gefressen, Band-

würmer entstehen aus den

Larven.

**3.** Zeichne einen **Bandwurm-Kreislauf!**

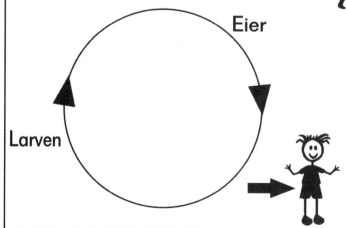

Eier

Larven

**4. Bemale** im Text die **Antworten** *rosa!*

- Wo im Bandwurm entwickeln sich die Eier?
- Wie groß ist ein Bandwurm?
- Wo schlüpfen die Bandwurmlarven?
- Wodurch steckt sich der Mensch an?
- Wie viel Zeit vergeht beim Menschen bis zum Auftreten der Beschwerden?

# Deutsch | Lösung

## Ich entnehme dem Text Informationen

### Der Text

**Der Fuchsbandwurm** – Auftreten – Entwicklung – Wirte – Befall

Der Fuchsbandwurm ist einer der Parasiten, die in unseren Breitengraden vorkommen und beim Menschen eine sehr seltene, aber mitunter lebenslängliche Erkrankung verursachen. Grundsätzlich kommt er im Darm des Fuchses vor, aber auch im Darm von Hund und Katze. Er ist nur wenige Millimeter groß und besteht aus einem Kopf mit Saugnäpfen, die zum Anheften an die Darmwand dienen und aus 3 bis 5 Gliedern, die ständig neu gebildet werden können. Diese erneuerbaren Glieder werden, sobald sie voll reifer Fuchsbandwurmeier sind, abgestoßen und gelangen so über den Kot in die Umwelt. Hier nimmt sie ein "Zwischenwirt" auf. Dies sind in den meisten Fällen Kleinnager wie z. B. Mäuse oder Bisamratten. Im Darm des Zwischenwirtes schlüpfen dann kleine Larven aus den Eiern, die dann in erster Linie zur Leber wandern. Hier zerstören die Larven das Lebergewebe. Der Kreislauf wird geschlossen, wenn der Zwischenwirt von einem "Endwirt", beispielsweise einem Fuchs, gefressen wird. In dessen Darm entwickeln sich die Larven dann zu einem erwachsenen Bandwurm. Der Fuchsbandwurm ist grundsätzlich in ganz Deutschland und allen angrenzenden Ländern angesiedelt. Der Mensch infiziert sich, indem er Fuchsbandwurmeier aus dem Kot eines Endwirtes (Fuchs, Hund, Katze ...) aufnimmt. Dies kann zum einen durch einen engen Tierkontakt mit dem eigenen Haustier oder durch befallene Lebensmittel geschehen. Nicht nur Waldfrüche und Pilze können durch den Kot der Tiere kontaminiert sein, sondern auch Fallobst und Kulturgemüse aus Hausgärten. Zwischen Aufnahme von Fuchsbandwurmeiern und dem Auftreten der ersten Beschwerden beim Menschen können Monate bis Jahre vergehen, wodurch sich kein Betroffener mehr an die Ansteckungsursache erinnern kann.

Quelle: www.kreis-euskirchen.de

**1.** Zeichne den **Bandwurm** weiter! Beschrifte! *(Text: blau)*

Glieder (Eierwachstum)

Kopf

Saugnäpfe

**3.** Zeichne einen **Bandwurm-Kreislauf!**

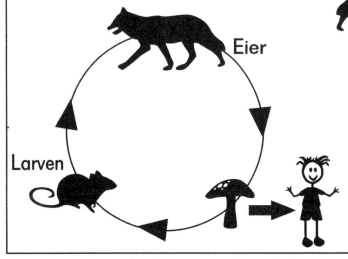

Eier

Larven

**2.** **Wie** und **wo** entwickelt er sich? *(Text: grün)*

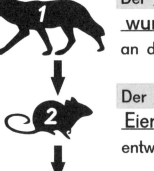

Der __End__ wirt gibt __Band-wurmeier__ an die Umwelt ab.

Der __Zwischen__ wirt nimmt die __Eier__ auf, __Larven__ entwickeln sich in ihm.

Der __Zwischen__ wirt wird vom __End__ wirt gefressen, Bandwürmer entstehen aus den Larven.

**4.** **Bemale** im Text die **Antworten** rosa!

- Wo im Bandwurm entwickeln sich die Eier?
- Wie groß ist ein Bandwurm?
- Wo schlüpfen die Bandwurmlarven?
- Wodurch steckt sich der Mensch an?
- Wie viel Zeit vergeht beim Menschen bis zum Auftreten der Beschwerden?

| Deutsch | Name:_____ | Datum: _____ | |
|---|---|---|---|

# Reportage vom Kartoffelmond

Auch **Reportagen** und **Reiseberichte** enthalten viele Informationen. Du hörst jetzt mehrmals die Reportage einer Astronautin vom **Marsmond** Deimos. Beantworte danach die Fragen!.

**Tipp** *Lies zuerst die Fragen und Aufgaben, damit du weißt, was auf dich zukommt!*

## Fragenkatalog    *Löse das Rätsel erst am Schluss!*

| | | |
|---|---|---|
| Wie lange war die Astronautin unterwegs zum Mars?<br><br>_____<br><br>Das ist die<br>⬜⬜⬜⬜⬜⬜⬜⬜⬜⬜⬜ | Wie lange braucht Deimos, um einmal den Mars zu umlaufen?<br><br>_____<br><br>Das ist die<br>⬜⬜⬜⬜⬜⬜⬜⬜⬜⬜⬜ | Woraus besteht der Boden von Deimos?<br><br><br>aus _____<br><br>Der Boden hat die Farbe<br>⬜⬜⬜⬜⬜⬜⬜ |
| Die Astronautin vergleicht: Deimos schaut aus wie<br><br>_____<br><br>Das ist die<br>⬜⬜⬜⬜⬜ des Mondes. | Die Astronautin schaut auf das Außenthermometer und liest ab:<br><br><br><br>Das ist die<br>⬜⬜⬜⬜⬜⬜⬜⬜⬜ | Macht die Astronautin auf Deimos einen Schritt, dann _____<br><br>_____<br><br>Auf Deimos fehlt die<br>⬜⬜⬜⬜⬜⬜⬜⬜⬜⬜ –<br>KRAFT. |
| In welcher Landschaft will die Astronautin spazieren gehen?<br><br>_____<br><br>Gemeint ist die Deimos-<br>⬜⬜⬜⬜⬜⬜⬜⬜⬜ | Was hat der damit zu tun?<br><br><br>Er ist der _____<br>_____<br>und heißt **ASAPH**<br>⬜⬜⬜⬜⬜ | Mars<br><br>Hier ● sitzt die Astronautin beim Umlauf! Zeichne ein! |

**Des Rätsels Lösung**    Das fehlt auf Deimos völlig: ⬜⬜⬜⬜⬜⬜

## Deutsch | Lösung

# Reportage vom Kartoffelmond

Auch **Reportagen** und **Reiseberichte** enthalten viele Informationen. Du hörst jetzt mehrmals die Reportage einer Astronautin vom **Marsmond** Deimos. Beantworte danach die Fragen!.

**Tipp** *Lies zuerst die Fragen und Aufgaben, damit du weißt, was auf dich zukommt!*

## Fragenkatalog    *Löse das Rätsel erst am Schluss!*

| | | |
|---|---|---|
| Wie lange war die Astronautin unterwegs zum Mars?<br><br>_210 Tage_<br><br>Das ist die<br>**R E I S E D A U E R** | Wie lange braucht Deimos, um einmal den Mars zu umlaufen?<br><br>_30 Stunden_<br><br>Das ist die<br>**U M L A U F D A U E R** | Woraus besteht der Boden von Deimos?<br><br>aus _Kohle_<br><br>Der Boden hat die Farbe<br>**S C H W A R Z** |
| Die Astronautin vergleicht: Deimos schaut aus wie<br><br>_eine Kartoffel._<br><br>Das ist die<br>**F O R M** des Mondes. | Die Astronautin schaut auf das Außenthermometer und liest ab:<br><br>_–100 Grad_<br><br>Das ist die<br>**T E M P E R A T U R** | Macht die Astronautin auf Deimos einen Schritt, dann _fliegt sie_ _davon._<br><br>Auf Deimos fehlt die<br>**A N Z I E H U N G S**-<br>**KRAFT** |
| In welcher Landschaft will die Astronautin spazieren gehen?<br><br>_Kraterlandschaft_<br><br>Gemeint ist die Deimos-<br>**O B E R F L Ä C H E** | Was hat der damit zu tun? <br><br>Er ist der _Entdecker_ _von Deimos_<br><br>und heißt **ASAPH**<br>**H A L L** | 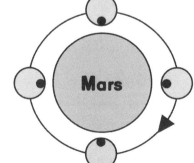<br><br>Hier ● sitzt die Astronautin beim Umlauf! Zeichne ein! |

**Des Rätsels Lösung**    Das fehlt auf Deimos völlig: **W A S S E R**

## THEMA

# Sachtextsorten: **Formen** und **Aufgaben**

## KOMPETENZERWARTUNGEN

- Textsorten innerhalb der Sachtexte unterscheiden
- Informative, appellative, instruktive und argumentative Textsorten erkennen
- Aufgaben und Absichten der Textsorten kennenlernen und nutzen
- Querverbindung Deutsch/Schreiben (3.2)

## ARBEITSMITTEL/FUNDSTELLEN

Arbeitsblätter, Folie
Zeitungen, Bedienungsanleitungen,
Rezepte, Lexika usw. **(Auswahl)**
Leserbriefe (S. 48)

### Medienzentrum/Bildstelle
4662635 Tageszeitung
4983968 Informieren

**Links:** (Stand: September 2017)
www.studienkreis.de/deutsch/sachtexte-besonderheiten-textsorte
www.wortwuchs.net/leserbrief
www.youtube.com/watch?v=2TKBPbj83S8 (Reihe)
www.werbepraxis-aktuell.de/werbethemen/anzeigenwerbung.html

Wir haben keinerlei Einfluss auf die Gestaltung und die Inhalte der gelinkten Seiten und übernehmen keine Haftung für die Seiten, auf die verwiesen wird.

## FOLIENBILD

## TAFELANSCHRIFT Muster (Auswahl)

| Rezept | Bauanleitung | Zeitung | Leserbrief | |
|---|---|---|---|---|
| Zutatenliste Zubereitung ... | Bauteile Schritte ... | Politik Nachrichten Leute ... | Beschwerden Lob Anregungen ... | usw. |

# Vorschläge zum **VERLAUF**
## 2 - 4 Unterrichtsstunden

## I) HINFÜHRUNG

- Folie: Was ich alles draufhabe! Gespräch über Inhalt bekannter Medien

Welche Sachtexte gibt es? Welche Aufgaben haben sie?

## II) ERARBEITUNG

- GA (evtl. arbeitsteilig): Was enthalten diese Medien? Untersuchen bereitgestellter Hefte/Papiere/Bücher ... **(Auswahl)**
- Zusammenschau: Vortragen und belegen, TA
- **AB: Sachtextsorten und ihre Aufgaben**
    - Zusammenfassungen/Bezeichnungen/Aufgaben: Sorten auf AB, GA/Darb.
    - Fazit: Die Medien stellen sich vor - Verbalisierungen ("Mt uns...") - Eintrag

## II) ANWENDUNG/AUSWEITUNG

- QV Deutsch/Schreiben: Entwurf von Werbung und Wahlplakat (Auffordernde Texte)
- Leserbriefmuster (s. u.): Untersuchen - Entwerfen (möglichst in GA)
- Anleitungen zum Suchen von Informationen in Internetlexika und Suchmaschinen (siehe Kapitel IV)

## LESERBRIEFE - Beispiele

**Per Brief** Immer seltener - auf Form und Richtigkeit wurde oft geachtet.

**Per Mail** Jeder schreibt - Richtigkeit ist Nebensache!

Walter Dudeljöh
80331 München
Annabergweg 3

Zeitungsredaktion der
Bayernzeitung
80809 München          München, 11. 12. 2017

Sehr geehrte Damen und Herren,

Sie berichteten über das neue, tolle Lokal "Stella" in München. Was uns aber gestern dort passierte, ist eine einzige Frechheit! Der Kellner begrüßte uns gestern gegen 21 Uhr, durchaus freundlich, aber mit der falschen Frage! Er fragte uns, ob wir einen Tisch haben wollten. Einen Tisch! Was sollen wir mit einem Tisch?! Wir wollten etwas zu essen haben, aber keinen Tisch. Nein, in dieses Lokal gehen wir nicht mehr! Das muss in Ihrem Bericht stehen! Unseren Leserbrief dürfen Sie ruhig abdrucken!

Mit freundlichen Grüßen
Walter Dudeljöh

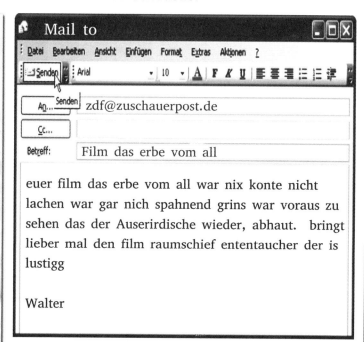

**Leserbriefe** an
- Zeitung: Leserbrief
- Rundfunk: Hörerpost
- Fernsehen: Zuschauerpost
- Internetforum: Kommentar

| Deutsch | Name: _____ | Datum: _____ |
|---|---|---|

# Sachtextsorten und ihre Aufgaben

**Sachtexte** berichten über dauerhaft gültige Dinge (in der Gegenwart)
oder über wirklich geschehene Vorgänge (in der Vergangenheit).
**Was sind die Aufgaben und Absichten der verschiedenen Sorten?**

*Wir sagen euch, wozu wir gut sind!*

## 1. Diese Texte _____!

ZEITUNG

FACHBUCH über Asseln

WIKIPEDIA
Die freie Enzyklopädie

_____

**Aus uns drei Medien**

**könnt ihr** _____

_____

_____

_____

_____

## 2. Diese Texte _____!

**Kuchenrezept**
Zutaten

BEDIENUNGSANLEITUNG
für DN 314–666
Thermometer der Extraklasse
Auspacken
Inbetriebnahme

BAUANLEITUNG
Schritt für Schritt
zum Heim-Atomreaktor
Du brauchst zunächst:
Säge
Hammer
Holzrahmen 17 x 9 x 5 cm
10 kg Plutonium
So gehst du vor:
1. Schritt
Du bereitest die Leisten für den Rahmen vor. Säge genau, damit später die Teile ineinander passen. Lege die Teile geordnet auf den

_____

**Mit uns drei werdet**

**ihr** _____

_____

_____

_____

## 3. Diese Texte _____!

ANZEIGE
Kauf mich!
Puppe Anna
- spielfreudig
- stabil
- hitzebeständig
- langlebig
- wiederverwendbar
**Puppen von Streuch**
sind was für euch!

Wählt **ABC**!
Hans Meier
Wählt mich,
weil ich ich bin!
Ich verspreche alles!

## 4. Diese Texte _____!

Sehr geehrter Herr
Bravo!
Ich schreibe Ihnen,
weil ich so begeistert
bin von Ihrer
Zeitung, weil ich

rsberger Zeitung
Kämmerer sind aufgeschreckt
: wird gut angenommen
**KOMMENTAR**
Eine Meinung von Gustl Dudeljöh

**Durch uns werdet ihr** _____

_____

**Hier begründet jemand** _____

_____

# Deutsch | Lösung

# Sachtextsorten und ihre Aufgaben

**Sachtexte** berichten über dauerhaft gültige Dinge (in der Gegenwart) oder über wirklich geschehene Vorgänge (in der Vergangenheit).
**Was sind die Aufgaben und Absichten der verschiedenen Sorten**

*Wir sagen euch, wozu wir gut sind!*

### 1. Diese Texte __informieren__!

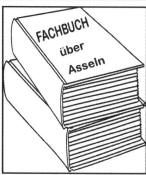

Zeitung          Fachbuch          Internetlexion

**Aus uns drei Medien könnt ihr** _Informationen zu allen bekannten Sachgebieten und Vorfällen erfahren._

### 2. Diese Texte __leiten an__!

Rezept          Bedienunungs-anleitung          Bauanleitung

**Mit uns drei werdet ihr** _angeleitet, etwas zu bauen, zu bedienen und herzustellen._

### 3. Diese Texte __rufen auf__!

### 4. Diese Texte __begründen__!

Werbung          Wahlplakat          Leserbrief          Kommentar

**Durch uns werdet ihr** _aufgerufen, etwas für andere zu tun._

**Hier begründet jemand** _Meinungen, die dann gedruckt werden._

| Deutsch | Name:_____ | Datum: _____ |
|---|---|---|

## Beispiele für
## Aufforderungstexte

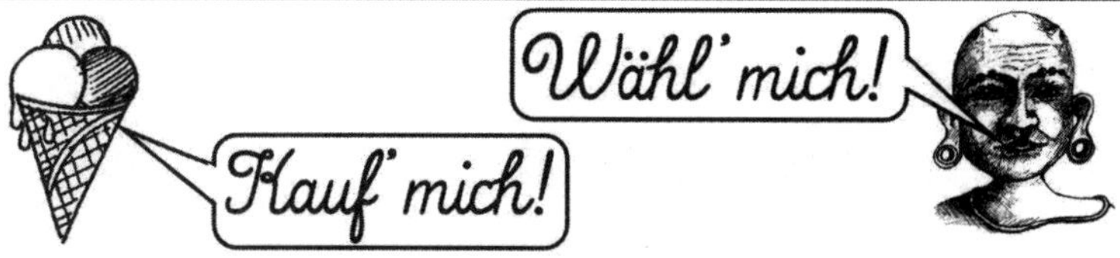

*Kauf' mich!*
*Wähl' mich!*

## 1. Werbeanzeige

*Entwirf nach dem Schema eine Werbeanzeige für ein beliebiges Produkt! Übertreibe bei den Vorzügen!*

### Schema

**Aufforderung**

**Bezeichnung/Bild/Beispiel**

**Vorzüge**

**Firma**
**Werbespruch**

- *Kein Preis!*
- *Nicht "billig", sondern "günstig"!*
- *Keine Nachteile!*
- *Keine andere Firma!*
- *Einprägsamer Werbespruch!*

## 2. Wahlplakat

*Erfinde ein Wahlplakat: Du möchtest für eine neue Partei gewählt werden! Schreibe kurz und übertreibe bei deinen Vorzügen!*

### Schema

| **Partei** | **Zeichen** |
|---|---|
| **Mein Bild** | **Meine Vorzüge** |
| **Kandidat Name** | |
| **Wahlspruch** | |

| Deutsch | Beispiele/QV Deutsch/Schreiben |
|---|---|

Beispiele für
# Aufforderungstexte

## 1. Werbeanzeige

*Entwirf nach dem Schema eine Werbeanzeige für ein beliebiges Produkt! Übertreibe bei den Vorzügen!*

### Schema

Aufforderung

Bezeichnung/Bild/Beispiel

Vorzüge

Firma
Werbespruch

- Kein Preis!
- Nicht "billig", sondern "günstig"!
- Keine Nachteile!
- Keine andere Firma!
- Einprägsamer Werbespruch!

### Kauf mich!
## Der Strudelteig

- Günstig – für jeden Geldbeutel!
- Laktose- und zuckerfrei!
- Schlank machend!
- Rund und gesund!
- Turborollend!

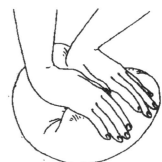

### Nur bei Dudl!

*Geh zu Dudl und kauf Strudl!*

## 2. Wahlplakat

*Erfinde ein Wahlplakat: Du möchtest für eine neue Partei gewählt werden! Schreibe kurz und übertreibe bei deinen Vorzügen!*

### Schema

Partei     Zeichen

Mein Bild     Meine Vorzüge

Kandidat
Name

Wahlspruch

**PdP** **Partei der Pilzsammler**

Ich lebe noch!

Ich kenne sie alle!

Ich denke, also bin ich.

Ich bin für Sie da!

Im Wald zuhause

**Ihr Kandidat: Walter Dudeljöh**

Ich verspreche das Blaue vom Himmel!

# THEMA

## Informationsgehalt unterschiedlicher Quellen

## KOMPETENZERWARTUNGEN

- Verschiedene Medienarten kennen
- Den Informationsgehalt unterschiedlicher Quellen bewerten
- Erkennen, dass die Quellen viele, wenige bzw. unterschiedliche Informationen liefern
- Bei Informationssuche passende Medien wählen

## ARBEITSMITTEL/FUNDSTELLEN

Arbeitsblatt, Folie
Text
Zeitungen und weitere Medien

**Medienzentrum/Bildstelle**
4983968 Informieren
5501649 Arbeiten mit dem Computer

**Links:** (Stand: Juli 2017)
www.blablameter.de/index.php (scherzhaft)
www.manager-wiki.com/strategische-
informationen/44-informationsquellen
www.rs1kronach.de/cad/tutorials/A4/data
/hier_gehts_los_modul_a4.html
www.br-online.de/jugend/izi/deutsch/
Grundddaten_Jugend_Medien.pdf

Wir haben keinerlei Einfluss auf die Gestaltung und die Inhalte der gelinkten Seiten und übernehmen keine Haftung für die Seiten, auf die verwiesen wird.

## FOLIENBILD zum Einstiegstext

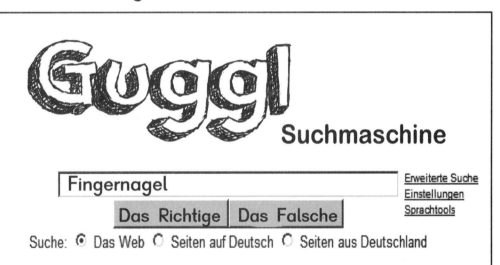

## QUELLEN: Massenmedien

| Printmedien | Audiovisuelle M. | Speichermedien | Webseiten |
|---|---|---|---|
| Buch, Plakat, Flugblatt, Flyer, Prospekt, Katalog, Landkarte, Postkarte, Kalender, Poster, Zeitung, Zeitschrift, Comic, Folie, Anzeigenblatt | Film, Radio, Fernsehen | CD, DVD, CD-rom, Blu-ray, USB-Stick, Diskette, Kassette, Schallplatte, Tonband, Magnetband | Informationsseite, Blog, Onlineshop, Internetforum, Portal, Suchmaschine, Soziales Netzwerk, Anwendungen |

# Vorschläge zum VERLAUF

## I) HINFÜHRUNG

- Folie/Text (s. u.): Informieren/Medien, hier Suchmaschine/Notwendigkeit zur Information
- Gespräch: Eigene Erfahrungen

### Wenn ich was wissen muss: Informationen beschaffen

## II) ERARBEITUNG

- **AB 1**: **Textsorten** und **Informationsgehalt**

    - GA: Vergleich Fachbuch/Prospekt zum Thema, Markieren
    - Verbalisierung: Begriff (Informationsgehalt) und Merkspruch
    - Anwendung in PA/GA: Internetseite, Schema "Frage – Antwort"

- **Quellen:**

    - GA: Sammeln von (Massen-)Medien – Nutzung des Internets
    - Auswertung: TA (Tabelle, siehe Seite 53!)

## II) AUSWEITUNG

- **AB 2**: Bedeutung der Tageszeitung – Suchen und Untersuchen (Zeitungen mitbringen) – Aufgaben und Fragen
- **Aktuell**: Informationen zu einem aktuellen Thema (Unterricht!) suchen, Nutzung verschiedener Medienarten

# Fingernagelbeißer – Text (ohne Ende) zum Einstieg

Man kennt Boris nur Fingernagel beißend. Vor allem, wenn er nervös und aufgeregt ist, knabbert er an seinen Fingern herum. Er hat deswegen sogar einen Spitznamen in seiner Klasse: Beißi! Und das wäre heute noch so, hätte nicht eine Mitschülerin, Sabine, eines Tages zu ihm gesagt: „Hör mal, Boris, wenn du so weiterbeißt, wird deine Nagelhaut kaputt. Dann sterben deine Fingernägel ab. Sie werden schwarz und fallen aus!" Erst hielt Boris das ja für ein Märchen und Panikmache. Und doch ließ er es während des Unterrichts bleiben. Und immer, wenn er wieder die Hand zum Mund führte, stoppte er rechtzeitig. Es nagte in ihm: „Wenn nun doch etwas wahr ist dran", dachte er beunruhigt. „Ich muss mich **informieren**"!

Zuhause – Mutter und Vater waren in der Arbeit – wollte es Boris genau wissen. Er suchte im Wohnzimmer bei den Illustrierten herum. „Da stand doch kürzlich etwas über Fingernägel drin? Hab ich doch bei Mami mitgekriegt!" Er blätterte die Zeitschriften durch – bis er den Artikel fand. Da stand schon etwas über Nagelhaut drin, aber nur kosmetisches Zeug: Welche *Salben und Mittel* es zur Schönerhaltung gibt. Nein, das war es nicht! Ab zum Wohnzimmerschrank, dorthin, wo die Fachbücher stehen. Doch wo anfangen? Endlich hielt Boris ein Medizinbuch in der Hand. Unter Fingernagel fand er schon etwas – aber etwas, was sich gewaschen hatte! Von *Keratin* und *Epidermis* war da die Rede. Uff, schwere Kost! Und nichts über das Fingernagelbeißen. Nächster Versuch: Das Internet. Unter *"Fingernagelbeißen"* fand er viele Einträge. Ein Blick auf (fast) jeden Beitrag: Psychologisches Heckmeck! Er wusste nun, dass er nervös ist! Da, stand dort nicht gerade etwas über die *Schutzfunktion der Nagelhaut*? Er fand den Artikel – acht Seiten lang, unübersichtlich und schwierig! „Viel zu viel für mich!", stöhnte der Junge. „Gibt es wirklich keine Informationen, die auch ich verstehe? Und die mir sagen, ob die Nägel schwarz werden beim Beißen?"

| Deutsch | Name: | Datum: |
|---|---|---|

# Der Informationsgehalt von Textsorten

*Thema:*
**Fingernagel**

**der Gehalt:**

Was und wie viel _____?

## Im Fachbuch: _____

Die Nägel an Fingern und Zehen sind "Verlängerungen" der Haut. Sie bestehen aus harten, verhornten Zellen der Oberhaut, die ganz dicht aneinanderliegen. Der sichtbare Teil des Nagels wird Nagelplatte genannt. Er ist durchsichtig. Seine zarte rosa Farbe hat er von den Blutgefäßen des Nagelbetts, die unter dem Nagel liegen und durch ihn hindurchscheinen. Der weiße, wie ein Halbmond geformte Bereich des Nagels wird Nagelmond genannt. Er erscheint weiß, weil das normalerweise durchscheinende Nagelbett von der Nagelwurzel (der mit der Haut verwachsene Bereich) verdeckt ist. Der Nagel wächst (ca. 0,5 bis 1 mm pro Woche), weil sich die oberen Zellen der Nagelwurzel in verhornte Nagelzellen umwandeln.

(nach: Medizininfo.de)

Bemale die **Informationen** im Text grün!

## Im Prospekt: _____

Die Nagelhaut am unteren Ende des Nagels hat eine wichtige Aufgabe und sollte deshalb niemals abgebissen oder abgerissen werden. Es gibt Leute, die kauen stundenlang an den eingerissenen Stellen der Nagelhaut herum. Gegen rissige Nagelhaut gibt es aber etwas. Jede Drogerie führt Mittel, die zur Hand- und Nagelpflege verwendet werden können. Die Nagelhautpflege sollte Ziel jeder Maniküre sein. Du kannst die Nagelhaut speziell pflegen oder pflegen lassen.. Die richtige Pflege der Nagelhaut ist wichtig: Rissige Nagelhaut sieht einfach unschön aus. Viele beginnnen die Nagelpflege immer erst bei der Nagelhaut und gehen dann auf die Nägel über.

- Bemale die **Informationen** im Text grün!
- Nach welchen Informationen **fragst** du hier?

_____
_____
_____

**Wir erkennen** *(Informationen/Informationsgehalt):* _____

_____
_____

## Auf einer Internet-Wissensseite:

- *Woraus bestehen Fingernägel?*

_____
_____
_____

- *Woher hat der Nagel seine rosa Farbe?*

_____
_____
_____

**Schema** Frage- Anwort: **Beantworte!** **@**

- *Wie heißen die drei Teile des Nagels?*

_____
_____
_____

- *Warum solltest du die Nagelhaut nicht abbeißen?*

_____
_____
_____

| Deutsch | Lösung |
|---|---|

# Der Informationsgehalt von Textsorten

*Thema:*
**Fingernagel**

## Im Fachbuch:  | viel |

Die Nägel an Fingern und Zehen sind "Verlängerungen" der Haut. Sie bestehen aus harten, verhornten Zellen der Oberhaut, die ganz dicht aneinanderliegen. Der sichtbare Teil des Nagels wird Nagelplatte genannt. Er ist durchsichtig. Seine zarte rosa Farbe hat er von den Blutgefäßen des Nagelbetts, die unter dem Nagel liegen und durch ihn hindurchscheinen. Der weiße, wie ein Halbmond geformte Bereich des Nagels wird Nagelmond genannt. Er erscheint weiß, weil das normalerweise durchscheinende Nagelbett von der Nagelwurzel (der mit der Haut verwachsene Bereich) verdeckt ist. Der Nagel wächst (ca. 0,5 bis 1 mm pro Woche), weil sich die oberen Zellen der Nagelwurzel in verhornte Nagelzellen umwandeln.

(nach: Medizininfo.de)

Bemale die **Informationen** im Text grün!

## Im Prospekt:  | wenig |

Die Nagelhaut am unteren Ende des Nagels hat eine wichtige Aufgabe und sollte deshalb niemals abgebissen oder abgerissen werden. Es gibt Leute, die kauen stundenlang an den eingerissenen Stellen der Nagelhaut herum. Gegen rissige Nagelhaut gibt es aber etwas. Jede Drogerie führt Mittel, die zur Hand- und Nagelpflege verwendet werden können. Die Nagelhautpflege sollte Ziel jeder Maniküre sein. Du kannst die Nagelhaut speziell pflegen oder pflegen lassen.. Die richtige Pflege der Nagelhaut ist wichtig: Rissige Nagelhaut sieht einfach unschön aus. Viele beginnnen die Nagelplege immer erst bei der Nagelhaut und gehen dann auf die Nägel über.

- Bemale die **Informationen** im Text grün!
- Nach welchen Informationen **fragst** du hier?

Welche Aufgabe hat die Nagelhaut? Wie pflege ich die Nagelhaut?

---

**Wir erkennen** *(Informationen/Informationsgehalt):* Texte können viele/wenige/ verschiedene Informationen zu einem Thema enthalten.
Ich suche nach den passenden Informationen.

---

## Auf einer Internet-Wissensseite:

- *Woraus bestehen Fingernägel?*
  Harte, verhornte Zellen der Oberhaut

- *Woher hat der Nagel seine rosa Farbe?*
  Von den Blutgefäßen, die vom Nagelbett aus durchscheinen

**Schema** Frage- Anwort: **Beantworte!**

- *Wie heißen die drei Teile des Nagels?*
  Nagelplatte - Nagelmond - Nagelwurzel

- *Warum solltest du die Nagelhaut nicht abbeißen?*
  Der Nagel verliert damit den Schutz vor Bakterien und Pilzen.

# Deutsch

Name: _____ Datum: _____

## Beispiel: Informationsquelle **Zeitung**

Die Zeitung meldet in den Kurznachrichten zum Beispiel dies:
## Worum geht's? Für wen sind die Informationen gedacht?

---

### Ganz besondere Orte

Verwunschene Skulpturenparks, spektakuläre Ausstellungshallen oder außergewöhnliche Künstlerhäuser: Unsere neue Serie „Kulturausflug" führt zu besonderen Orten in Bayern. **Seite 19**

### FC Bayern gegen Paris

Der FC Bayern hat bei der Auslosung der Gruppenphase für die Champions League hochkarätige Gegner erwischt. Die Münchner treffen in der Gruppe B auf Paris St. Germain, den belgischen Fußballmeister RSC Anderlecht und Celtic Glasgow. Die Gruppenphase startet am 12. September. **Seite 29**

### Gnadenhof für Kaninchen

**Geisenfeld** (PK) „Hoppel im Glück" heißt der Gnadenhof für Kaninchen, den Sylvia Kuffer betreut. Über 50 Vierbeiner, die aus Qual-Haltung oder vor dem Tod gerettet wurden, betreut die Geisenfelderin derzeit in ihrem Garten und gerät dabei langsam nicht nur platzmäßig und finanziell an ihre Grenzen. **Seite 34**

für _____

---

### Die Flughafen-Feuerwehr

Der Flughafen München ist wie eine Großstadt. 35 000 Mitarbeiter strömen jeden Tag auf das Gelände, hinzu kommen 42 Millionen Passagiere jährlich. Deshalb hat der Airport auch eine eigene Feuerwehr für Notfälle. **Seite 11**

### Das Problem mit Plastikmüll

Plastikmüll wird immer mehr zum Problem: Doch es gibt Leute, die etwas dagegen tun, wie etwa ein Paar aus Pfaffenhofen, das nur noch zwei Gelbe Säcke im Jahr braucht. Oder mehrere Jungunternehmer, die in Ingolstadt einen verpackungsfreien Supermarkt eröffnen wollen. **Seite 18 und 19**

### Wohlstand ungleich verteilt

Die Deutschen werden immer wohlhabender. Doch kommen laut einer Studie die Einkommens- und Vermögenszuwächse kaum noch bei den unteren 40 Prozent der Gesellschaft an. **Seite 8**

---

Donaukurier, Ingolstadt

## **Tageszeitung:** Informiere dich zu den Vor- und Nachteilen!

| | |
|---|---|
| **Aktualität** Sind die Beiträge aktuell? | |
| **Sprache** Für wen? Verständlichkeit? | |
| **Informations-gehalt** Informationen für mich, wenn ich sie brauche? | |
| **Besonderheit** Mein Ort | |
| **Müll** Und wenn ich die Zeitung gelesen habe? | |

# Deutsch | Lösung

## Beispiel: Informationsquelle **Zeitung**

Die Zeitung meldet in den Kurznachrichten zum Beispiel dies:
## Worum geht's? Für wen sind die Informationen gedacht?

### Ganz besondere Orte
Verwunschene Skulpturenparks, spektakuläre Ausstellungshallen oder außergewöhnliche Künstlerhäuser: Unsere neue Serie „Kulturausflug" führt zu besonderen Orten in Bayern. **Seite 19**

### FC Bayern gegen Paris
Der FC Bayern hat bei der Auslosung der Gruppenphase für die Champions League hochkarätige Gegner erwischt. Die Münchner treffen in der Gruppe B auf Paris St. Germain, den belgischen Fußballmeister RSC Anderlecht und Celtic Glasgow. Die Gruppenphase startet am 12. September. **Seite 29**

### Gnadenhof für Kaninchen
**Geisenfeld** (PK) „Hoppel im Glück" heißt der Gnadenhof für Kaninchen, den Sylvia Kuffer betreibt. Über 50 Vierbeiner, die aus Qual-Haltung oder vor dem Tod gerettet wurden, betreut die Geisenfelderin derzeit in ihrem Garten und gerät dabei langsam nicht nur platzmäßig und finanziell an ihre Grenzen. **Seite 34**

Besondere Orte
für Interessierte

Fußballspiel
für Sportfans

Gnadenhof
für Tierfreunde

### Die Flughafen-Feuerwehr
Der Flughafen München ist wie eine Großstadt. 35 000 Mitarbeiter strömen jeden Tag auf das Gelände, hinzu kommen 42 Millionen Passagiere jährlich. Deshalb hat der Airport auch eine eigene Feuerwehr für Notfälle. **Seite 11**

### Das Problem mit Plastikmüll
Plastikmüll wird immer mehr zum Problem: Doch es gibt Leute, die etwas dagegen tun, wie etwa ein Paar aus Pfaffenhofen, das nur noch zwei Gelbe Säcke im Jahr braucht. Oder mehrere Jungunternehmer, die in Ingolstadt einen verpackungsfreien Supermarkt eröffnen wollen. **Seite 18 und 19**

### Wohlstand ungleich verteilt
Die Deutschen werden immer wohlhabender. Doch kommen laut einer Studie die Einkommens- und Vermögenszuwächse kaum noch bei den unteren 40 Prozent der Gesellschaft an. **Seite 8**

Flughafenfeuerwehr
für Passagiere

Plastikmüll
für alle

Wohlstand
für Arme/Reiche

Donaukurier, Ingolstadt

## Tageszeitung: Informiere dich zu den Vor- und Nachteilen!

| | |
|---|---|
| **Aktualität** Sind die Beiträge aktuell? | Die Meldungen sind mindestens einen Tag alt. Dafür aber ausführliche Informationen! |
| **Sprache** Für wen? Verständlichkeit? | Die Meldungen sind für **alle**. Darum sind Inhalt und Sprache verständlich. |
| **Informationsgehalt** Informationen für mich, wenn ich sie brauche? | Berichte über alles – aber nicht, wenn ich sie brauche. Lösung: Sammeln der Artikel! |
| **Besonderheit** Mein Ort | Kein anderes Medium (oder: Informationsträger) berichtet so aktuell über meine Ortschaft im Lokalteil. |
| **Müll** Und wenn ich die Zeitung gelesen habe? | Viel Papiermüll fällt an (ca. *11* Millionen Tonnen in *2006*) – Zeitung aus Recyclingpapier Lösung: Sammeln von Altpapier |

| THEMA | **Medienkonsum** |
|---|---|
| | Häufigkeit und Alternativen |

## KOMPETENZERWARTUNGEN

- Medienkonsum und Folgen reflektieren
- Bewusstsein für den sinnvollen Konsum entwickeln
- Konsumprotokolle ausgewählter Medien erstellen
- Alternative, sinnvolle und gesunde Beschäftigungen nennen und anwenden

## ARBEITSMITTEL/FUNDSTELLEN

Arbeitsblatt, Folie
Daten
Text

### Medienzentrum/Bildstelle

4210345 Kinder, Glotze und Computer
5501603 Cybermobbing

**Links:** (Stand: Juli 2017)

www.schau-hin.info/informieren/
    extrathemen/medienzeiten.html
www.bitkom.org
www.kindergesundheit-info.de/themen/
    medien/mediennutzung/kinder-und-medien
www.youtube.com/watch?v=aRuABHlfeyw

Wir haben keinerlei Einfluss auf die Gestaltung und die Inhalte der gelinkten Seiten und übernehmen keine Haftung für die Seiten, auf die verwiesen wird.

## FOLIENBILD: Daten*

## Von **100** 10-jährigen Kindern

- sind **94** online und verbringen **20 Minuten** pro Tag im Internet.

- nutzen rund **80** Smartphones regelmäßig. Beinahe alle davon versenden Kurznachrichten (SMS).

- nutzen **10** soziale Netzwerke.
  Ranking: WhatsApp – Facebook – Skype – Google+ ...

- wurden **12** im Internet gemobbt.

*2016 – Unterschiedliche Zahlen in den Quellen!

# Vorschläge zum VERLAUF

## I) HINFÜHRUNG

- Folie und Text: Ein ganz "normales" Medienverhalten
  Gespräch: Wie ist **mein** Verhalten?

### Mein Umgang mit Medien

## II) ERARBEITUNG

- **AB:** **Reflexion – Protokoll – Alternativen**

  - GA/Gesprächskreise: Aussprache über die Aussagen auf AB
  - HA: Protokollierung an einem festgelegten Tag – Einbringen der Daten mit anschließender Bewertung/Diskussion
  - EA: Sinnvolle Beschäftigungen – Vorträge – Bewertungen

## III) ANWENDUNG/AUSWEITUNG

- Freizeitbeschäftigungen – Zusammentragen (von 4. Klasse) – Aushang
- GA (arbeitsteilig): *So geht's!* Gruppen stellen Medien/Nutzung von Smartphone/Konsole/Spielen/Internetseiten/... vor – Bewertungen

# An einem Tag wie jeder andere
Svens Medienverhalten

**7 Uhr 19.** Wie immer hatte Sven verschlafen. Um *8* Uhr begann die Schule, und trotzdem musste Sven gleich nach dem Fall aus dem Bett eine SMS per Smartphone absetzen. Immerhin musste die Welt wissen, dass er jetzt wach war. Und auch während des Frühstücks war er mit irgendwelchen Quatschereien am Handy beschäftigt. Mit den anderen Familienmitgliedern sprach er nicht. Auf dem Weg zur Schule bewegte Sven einen Finger auf dem Handy schneller als er lief. Die Welt musste wissen: Er eilte zur Schule! Zu den Stunden in der Schule ist wenig zu sagen: Irgendwann musste er ja mal schlafen! Nur in den Pausen wurde er aktiv: Die Welt musste wissen, dass er jetzt Pause hatte. Für Mittagessen zu Hause hatte er keine Zet, denn jetzt begann der interessante Teil des Tages. Mit einer fettigen Wurstsemmel bewaffnet eilte er in den bequemen Sessel seines Zimmers – vor seinem Schreibtisch. Dort warf er gegen *13* Uhr *30* seinen Computer an – und war sofort mittendrin in seinem Computerspiel "World of Apfelsaft". Bis etwa *16* Uhr *42* war Sven nicht ansprechbar, denn da musste er gegen die *Orschs* kämpfen. Essen und Bewegung? Fehlanzeige. Erst um *17* Uhr bewegte sich Sven: Anstrengende zwei Meter hin zur Schultasche, zum Handy! Die Welt musste ja wissen, dass er noch wach war. Hausaufgaben? Lieber erst morgen! Nun musste er sich ausruhen! Ruhezeiten sind ja gesetzlich garantiert! Aus seinem Sessel heraus starrte er in den Fernseher. Während Mami ihm die Nudelsuppe aufs Zimmer brachte, guckte Sven im zimmereigenen Fernsehgerät die Serie "Navy FIS" – bis *18* Uhr *30*. So, jetzt einmal etwas anderes tun! Nicht immer nur fernsehen! Sven schnappte sich das Smartphone und schrieb Nachricht um Nachricht. Die Welt ..., lassen wir das! Müssen Kinder in der 5. Klasse nicht auch mal spielen? Ja, Sven spielte jetzt mit der Spielekonsole. Pädagogisch wertvoll! So gegen *21* Uhr – oder war's *24* Uhr? – wollte er nicht mehr spielen. Er fiel endlich ins Bett, mit einer SMS an die Welt: *Gehe schlafen! Bye! AFK (away from keyboard)*

| Deutsch | Name:_____ | Datum: _____ |

# Bin ich mediensüchtig?

Computerspiele, das Internet, Smartphones und dergleichen können für Kinder und Jugendliche so spannend sein, dass sie damit gar nicht mehr aufhören wollen. Schwierig wird es, wenn die Nutzung so intensiv wird, dass alle anderen Tätigkeiten vernachlässigt werden.

## Bin ich schon in Gefahr?

Welche Punkte treffen auf mich zu? Ich erzähle!

○ Auch bei anderen Beschäftigungen denke ich ständig an Medien.

○ Ich spiele/surfe bis spät in die Nacht.

○ Wenn ich auf Computer und Co. verzichten muss, reagiere ich gereizt.

○ Familie und Freunde sind mir eigentlich egal.

○ Das Internet lässt keine anderen Beschäftigungen mehr zu...

○ Ich habe stark abgenommen und/oder bin übermüdet.

○ Ich verzichte auch mal auf Mahlzeiten, um am Gerät zu bleiben.

○ Meine Leistungen in der Schule haben sich stark verschlechtert.

○ Aufgaben schiebe ich auf irgendwann.

○ Ich verspüre schon erste Haltungsschäden durch zu wenig Bewegung.

## Tägliche Mediennutzung

Ich messe/schätze die Zeiten an diesem **Tag**:

_____

Handy: _____ Minuten

Internet: _____ Minuten

Fernsehen: _____ Minuten

Spielkonsole: _____ Minuten

**Im Vergleich zu den anderen ist das**  ○ viel  ○ normal  ○ wenig

## Alternativen: Gesund bleiben!

Was kann ich in meiner Freizeit sonst Sinnvolles tun?

(grün: Tu ich bereits - blau: Möchte ich tun - braun: Pflichtprogramm)

| Das **muss** ich erledigen: | Beschäftigungen zum Gesundbleiben: |
| --- | --- |
| _____ | _____ |
| _____ | _____ |
| _____ | _____ |
| _____ | _____ |

# Deutsch | Lösung/Beispiele

# Bin ich mediensüchtig?

Computerspiele, das Internet, Smartphones und dergleichen können für Kinder und Jugendliche so spannend sein, dass sie damit gar nicht mehr aufhören wollen. Schwierig wird es, wenn die Nutzung so intensiv wird, dass alle anderen Tätigkeiten vernachlässigt werden.

## Bin ich schon in Gefahr?

Welche Punkte treffen auf mich zu? Ich erzähle!

◯ Auch bei anderen Beschäftigungen denke ich ständig an Medien.

☒ Ich spiele/surfe bis spät in die Nacht.

◯ Wenn ich auf Computer und Co. verzichten muss, reagiere ich gereizt.

◯ Familie und Freunde sind mir eigentlich egal.

◯ Das Internet lässt keine anderen Beschäftigungen mehr zu...

◯ Ich habe stark abgenommen und/oder bin übermüdet.

◯ Ich verzichte auch mal auf Mahlzeiten, um am Gerät zu bleiben.

◯ Meine Leistungen in der Schule haben sich stark verschlechtert.

☒ Aufgaben schiebe ich auf irgendwann.

◯ Ich verspüre schon erste Haltungsschäden durch zu wenig Bewegung.

## Tägliche Mediennutzung

Ich messe/schätze die Zeiten an diesem **Tag**:

_Sonntag, 10. September 2017_

Handy: ___137___ Minuten  Internet: ___65___ Minuten

Fernsehen: ___126___ Minuten  Spielkonsole: ___0___ Minuten

**Im Vergleich zu den anderen ist das** ◯ viel ☒ normal ◯ wenig

## Alternativen: Gesund bleiben!

Was kann ich in meiner Freizeit sonst Sinnvolles tun?
(grün: Tu ich bereits – blau: Möchte ich tun – braun: Pflichtprogramm)

| Das **muss** ich erledigen: | Beschäftigungen zum Gesundbleiben: |
|---|---|
| In die Schule gehen, lernen, einkaufen, zum Reitunterricht, zum Flötenunterricht ... | Jogging, mit Freunden treffen, Volksfestbesuch, ein Buch lesen, Faulenzen, Basteln, am Fahrrad arbeiten, Skilaufen, Brettspiele ...  holynetwork.de/90-freizeitideen-gegen-langeweile. |

## THEMA

# Realität und Fiktion
### in Film und Fernsehen

## KOMPETENZERWARTUNGEN

- Die Vermischung von Realität und Fiktion in Fernsehsendungen erkennen
- Wahre und erfundene Handlungsabläufe/Begebenheiten in Beispielen begründen
- Absichten medialer Formen erfassen
- Mediale Sehgewohnheiten reflektieren

## ARBEITSMITTEL/FUNDSTELLEN

Arbeitsblatt, Folie
Fernsehaufzeichnungen
Internet

### Medienzentrum/Bildstelle
4246206 Wie im echten Leben
4984001 Realität und Fiktion

**Links:** (Stand: September 2017)

www.medien-in-die-schule.de/unterrichtsein-
  heiten/realitaet-und-fiktion-in-den-medien
www.gs-hahn-lehmden.de/0DOWNLOAD/
  Medien_u_Wirklichkeit.pdf
www.mpfs.de/fileadmin/files/Infoset/PDF/M
  PFS_Infoset_Wirklichkeit_2016.pdf

Wir haben keinerlei Einfluss auf die Gestaltung und die Inhalte der gelinkten Seiten und übernehmen keine Haftung für die Seiten, auf die verwiesen wird.

## FOLIENBILD zum Einstieg

# Vorschläge zum VERLAUF

## I) HINFÜHRUNG

- Folie: Fake News – Freie Aussprache (Woran erkennt man den Schwindel?)
  - Eigene **Erfindungen**

Was ist wahr an Fernsehsendungen? Was erfunden?

## II) ERARBEITUNG

- **Erfahrungen:**
  - Sammeln von Sendungen (Nachrichten: wahr/ Märchenfilm: erfunden) – TA
- **AB: Glaub nicht alles!**
  - Helden im Film: UG mit Beispielen
- **Text: Soaps (s. u.)**
  - Lesen – Aufgaben – Wiedergabe
  - AB unten in GA: Wahrheitsgehalt beurteilen – S-Darb.: Begründungen

## II) ANWENDUNG

- GA (arbeitsteilig): Ausgewählte (Video-)Ausschnitte beurteilen
  (Was ist wahr? Was ist erfunden?)

## INFORMATION und MEINUNGEN

## *Die inszenierte Wirklichkeit von Doku-Soaps*

Besonders an den Nachmittagen geht es in privaten Fernsehsendern richtig zur Sache: Da wird in Familien und Gruppen "ganz echt" gestritten, gemobbt und erzogen. Du kennst sicher einige solcher Sendungen! Die Fernsehsender weisen in ihren Vor- und Abspännen darauf hin: Es handelt sich um **erfundene** Geschichten. Vieles ist nicht wahr daran. Doch merken Kinder und Jugendliche, dass in diesen Doku-Soaps "inszenierte" (also gespielte) Wirklichkeit stattfindet? Die Zahlen einer Studie* zeigen: Von 100 Kindern und Jugendlichen zwischen 10 und 18 Jahren glauben 51, dass die Szenen echt sind. Kritiker meinen, dass die Wirklichkeit längst nicht mehr so spannend ist, dass daraus Geschichten gemacht werden können. Betroffene Fernsehsender dagegen stellen in eigenen Untersuchungen fest, dass immerhin 82 von 100 Kindern wissen: Die Storys sind erfunden! Und sie weisen auch darauf hin, dass solche Sendungen kein Kinderprogramm sind. Für Fernsehsender steht die Unterhaltung der Zuschauer im Vordergrund. Und für Kritiker? Ist es schlimm, wenn Kinder und Jugendliche Gespieltes und die Wirklichkeit nicht auseinanderhalten können?

- Wie heißen die Sendungen, die die Wirklichkeit spielen?
- Wie viele Kinder glauben nach den zwei Untersuchungen, dass Soaps **erfundene** Geschichten sind?
- Was steht für die Fernsehsender im Vordergrund?
- Beantworte die letzte Frage nach deiner Erfahrung! Macht eine Klassenuntersuchung!

*Quellen: www.t-online.de/leben/familie/erziehung/id_52376738/tv-entfremden-doku-soaps-unsere-kinder-vom-echten-leben-.html

| Deutsch | Name: _____ | Datum: _____ |
|---|---|---|

# Wirklichkeit und Erfindung im Fernsehen

oder: _____, was du siehst!

## Wie gibt's denn das?

**Erster Film**

Der Held ist tot. Mausetot.

**Aber dann ...**

Eigene Beispiele!

**Zweiter Film**

Der Held reitet wieder!

In Fernsehsendungen wird uns viel _____. Der Schauspieler spielt eine

_____, und im nächsten Film eine _____. Viele Fernsehsendungen

sind aber nicht _____: Sie zeigen _____ Begebenheiten.

## Sind diese Fernsehsendungen **wahr** oder **erfunden**?

Soap
**"Bäuerin sucht Marsmann"**
mit ernsten Absichten

_____, denn _____

_____

_____

_____

Sportsendung mit
**Fußballspiel**
*FC Hin* gegen
*FC Her*

_____, denn _____

_____

_____

_____

Spielfilm:
**Riese** Heim
gibt Prinzessin ein Eis
aus

_____, denn _____

_____

_____

_____

Untersucht in Gruppen echte Fersehsendungen auf ihren Wahrheitsgehalt!

# Deutsch | Lösung

## Wirklichkeit und Erfindung im Fernsehen

oder: ___Glaub nicht alles___, was du siehst!

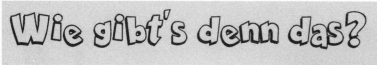

### Erster Film

*Der Held ist tot. Mausetot.*

**Aber dann ...**

Eigene Beispiele!

### Zweiter Film

*Der Held reitet wieder!*

In Fernsehsendungen wird uns viel __vorgespielt__. Der Schauspieler spielt eine __Rolle__, und im nächsten Film eine __andere__. Viele Fernsehsendungen sind aber nicht __erfunden__: Sie zeigen __wahre__ Begebenheiten.

## Sind diese Fernsehsendungen **wahr** oder **erfunden**?

Soap
**"Bäuerin sucht Marsmann"**
mit ernsten Absichten

__Erfunden__, denn __Marsmänner gibt es nicht. Ist **sie** eine Bäuerin? Ist **er** ein Marsmann? Die können uns alles Mögliche vorspielen ...__

Sportsendung mit **Fußballspiel**
*FC Hin* gegen *FC Her*

__Wahr__, denn __das Fußballspiel hat **nachweislich** stattgefunden. (3 : 0)__

Spielfilm:
**Riese** Heim gibt Prinzessin ein Eis aus

__Erfunden__, denn __es handelt sich um eine erdachte Geschichte (Märchen, Sage, ...). Wird darauf hingewiesen!__

Untersucht in Gruppen echte Fersehsendungen auf ihren Wahrheitsgehalt!

Kompetenzorientierter Deutschunterricht PLUS 5. Jahrgangsstufe Band 2 © pb-Verlag München 2017

## THEMA

# Gefährlicher Leichtsinn
## Minikrimi zum Chatverhalten

## KOMPETENZERWARTUNGEN

- Um die Gefahren bei der digitalen Kommunikation wissen
- Chatregeln einhalten, u. a. die Vermeidung der Preisgabe persönlicher Angaben
- Auch beim Chatten die Persönlichkeitsrechte anderer beachten
- Texte lesen und verstehen

## ARBEITSMITTEL/FUNDSTELLEN

Arbeitsblatt, Textblätter
Informationsmaterial (www.polizei-beratung.de usw.)
Folie

### Medienzentrum/Bildstelle

4986131 Wer ist das?
4986132 Immer cool bleiben

### Links: (Stand: Juli 2017)

www.youtube.com/watch?v=HQO3AjxcMlc
www.youtube.com/watch?v=G3Kyk8KOY9O
www.bpb.de/lernen/grafstat/mobbing/
    46717/cybermobbing
www.jugendinfo.de/themen.php/484/36862
    cybermobbing-was-ist-das.html

Wir haben keinerlei Einfluss auf die Gestaltung und die Inhalte der gelinkten Seiten und übernehmen keine Haftung für die Seiten, auf die verwiesen wird.

## FOLIENBILD zur Hinführung

## CHATKÜRZEL - kleine Auswahl

**2hot4you** (too hot for you) - Geht dich nichts an!
**\*bg\*** (big grins) - breites Grinsen
**cu** (see you) - Man sieht sich!
**f2f** (face to face) - Von Angesicht zu Angesicht

**ga** (go ahead) - Hau ab!
**thx** (thanks) - Danke!
**lol** (laughing out loud) - lautes Lachen
Link z. B. www.chatiquette.de/abkuerzungen.htm

# Gefährlicher Leichtsinn

### Ein **Minikrimi** frei nach einem unbekannten Verfasser

Ja, Isabella hatte Angst. Wieder einmal panische Angst. Wie jeden Donnerstag in diesen verdammten, dunklen Wintermonaten. Donnerstag, da endet das Fußballtraining um *17 Uhr 30* – und Isabella muss zu Fuß nach Hause gehen. Aber was heißt **muss**? Sie wollte es ja so haben! Wochenlang hatte sie sich gegenüber ihren Eltern das Recht erstritten, donnerstags alleine nach Hause gehen zu dürfen. Doch unheimlich war dieser kurze, zehnminütige Heimweg von Scheyern nach Haseldorf immer. Ständig fühlte sie sich verfolgt ... Da, waren da nicht Schritte hinter ihr zu hören? Oder von da drüben? Je näher sie ihrem Haus kam, um so weniger Leute waren unterwegs, um so genauer fixierte Isabella die wenigen, die sie noch erblickte. War da nicht jemand hinter ihr her? Schon sah Isabella das Außenlicht ihres Hauses brennen und rannte jetzt den Rest des Weges. Erst mal drinnen, lehnte sie sich einen Moment gegen die Türe – erleichtert, wieder einmal davongekommen zu sein. Zur Vorsicht schaute sie aus dem Fenster – der Gehweg war leer.

Nach dem Durchblättern ihrer Bücher entschloss Isabella sich, einen Snack zu sich zu nehmen und anschließend online zu gehen. Sie brauchte jetzt etwas, um sich abzulenken von den düsteren Gedanken.

Sie loggte sich unter ihrem Nickname **Isi@Taff** ein. Sie schaute in ihre Buddyliste (Anzeige: Wer ist gerade online?) und stellte fest, dass **ERASER** auch online war. Sie schickte ihm eine Nachricht:

**Isi@Taff:** Hi, bin froh, dass du online bist. Hab geglaubt, dass mich Leute hier in Haseldorf nach Hause verfolgen. War total komisch.

**ERASER:** Du guckst zu viel fern. Wieso sollte dich jemand verfolgen? Wohnst doch in einer sicheren Gegend, oder?

**Isi@Taff:** Natürlich, Haseldorf ist sicher! Nehme an, alles war nur Einbildung. Hab niemanden gesehen, als ich rausschaute.

**ERASER**: Es sei denn, du hast deinen Namen übers Internet rausgegeben. Hast du doch nicht, oder?

**Isi@Taff**: Natürlich nicht. Bin doch nicht doof!

**ERASER**: Hattest du Glück im Fußball heute?

**Isi@Taff**: Ja, wir haben gewonnen!

**ERASER**: Klasse! Gegen wen habt ihr gespielt?

**Isi@Taff**: Wir haben gegen die HUDLHEIMER gespielt. Die irren Uniformen von denen sind total schrecklich. Die schauen aus wie Schweinchen.

**ERASER**: In welchem Team spielst du?

**Isi@Taff**: Wir sind die SCHEYERN CATS unserer Mittelschule. Wir haben Gepardenpfoten auf unseren Trikots. Die sind total cool.

**ERASER**: Stehst du im Tor?

**Isi@Taff**: Nein, bin Verteidigerin. Ich muss jetzt weg. Hausaufgaben machen, bevor die Eltern nach Hause kommen. **CU**!

**ERASER**: Bis dann. CU!

ERASER wechselte zum Mitgliedermenü und begann die Suche nach ihrem Profil. Als er es gefunden hatte, druckte er es aus. Was wusste er bisher von ihr?
Name: Isabella
Geburtsdatum: 8. Juli 2005
Hobbys: Soccer, Computern, Faulenzen, sich mit Freunden treffen
Neben diesen Grundinformationen wusste er, dass sie im Weiler Haseldorf wohnt, weil sie ihm das grad mitgeteilt hatte. Er wusste, dass sie bis 18 Uhr 30 alleine ist - und das jeden Nachmittag, bis ihre Eltern von der Arbeit kommen. Er wusste, dass sie im Schulteam jeden Donnerstag Nachmittag Fußball spielt. Und dass sich das Team Scheyern Cats nennt. Ihre Glückszahl, die 8, ist auf den Rücken ihrer Uniform gedruckt. Er wusste, dass sie im 5. Schuljahr die Mittelschule Scheyern besucht. Das hatte sie ihm in einer früheren Online-Unterhaltung erzählt. Er hatte jetzt genügend Informationen, um sie zu finden.

Isabella erzählte ihren Eltern nichts von ihrer Angst auf dem Weg nach Hause. Sie wollte nicht, dass sie ihr eine Szene machen und ihr verbieten, zu Fuß nach Hause zu gehen nach dem Training. Eltern übertreiben immer maßlos – und ihre waren besonders schlimm. Sie wünschte, sie wäre kein Einzelkind. Wenn sie doch einen Bruder oder eine Schwester hätte, dann wären ihre Eltern nicht so übertrieben beschützerhaft!
Bis zum nächsten Donnerstag hatte Isabella ihre "Angst vor der Angst" verdrängen können.
Sie war gerade mitten im Spiel, als sie merkte, dass jemand sie anstarrte. In diesem Moment fielen ihr ihre Verfolgungsängste wieder ein. Sie erkannte, dass ein fremder Mann sie genau beobachtete. Er lehnte am Zaun und lächelte, als sie ihn anschaute. Er machte eigentlich keinen Angst einflößenden Eindruck auf sie und Isabella vergaß schnell wieder ihre Bedenken. Aber ein unbestimmtes, ungutes Gefühl blieb dennoch.
Als Isabella später mit der Trainerin sprach, sah sie den Fremden auf einer Bank in der Nähe sitzen. Und als sie an ihm vorbeiging, lächelte er sie fröhlich an. Isabella nickte und lächelte zurück.

Ihm fiel die Nummer 8 auf dem Rücken ihres Trikots auf und er wusste, dass er sie gefunden hatte! So ging er in sicherem Abstand hinter ihr her. Sie waren nicht weit von Isabellas Haus entfernt. Und als er genau wusste, wo sie wohnte, ging er schnell zurück zur Schule, um sein Auto zu holen.

Isabella saß in ihrem Zimmer, als sie die Stimmen aus dem Wohnzimmer hörte. „Isabella, komm doch mal her!", rief ihr Vater. Er hörte sich besorgt an. Isabella erkannte sofort den Mann, der dort im Wohnzimmersessel saß und lächelte: Der Fremde vom Sportplatz! „Setz dich", kommandierte ihr Vater, „dieser Mann, Herr Heggenberger, hat uns gerade eine sehr interessante Geschichte über dich erzählt!" Isabella setzte sich auf einen freien Sessel. Wie konnte er ihren Eltern etwas über sie erzählen? Sie hatte ihn bis heute Nachmittag noch nie zuvor gesehen.

„Weißt du, wer ich bin, Isabella?", fragte sie der Mann. - „Nein," antwortete Isabella. „Mein Name ist Heinz Heggenberger, ich bin Polizeibeamter - und dein Onlinefreund ERASER!"

Isbella war erstaunt. „Das ist unmöglich! ERASER ist ein Kind in meinem Alter! Er ist elf Jahre alt und wohnt in Hamburg!"

Herr Heggenberger lächelte wieder. „Ich weiß, dass ich dir das erzählt habe, aber es stimmt nicht. Schau, Isabella, es gibt Menschen im Internet, die nur so tun, als wären sie Kinder. Ich war einer von denen. Doch während kranke Gehirne das machen, um Kinder ausfindig zu machen und ihnen Gewalt anzutun, gehöre ich zu der Gruppe, die hier mitmischen, um Kinder zu schützen. Ich bin hergekommen, um dir klar zu machen, wie gefährlich es sein kann, zu viele Information rauszugeben - an fremde Menschen übers Internet. Du hast mir genug erzählt, um es mir leicht zu machen, dich zu finden. Dein Name, die Schule, der Name deines Teams, die Position, in der du spielst und so weiter. Die Suche nach dir war sehr einfach!"

Isabella glaubte es immer noch nicht: „Du wohnst nicht in Hamburg?"

Er lachte: „Nein, ich wohne in München. Es hat dir ein sicheres Gefühl gegeben, dass ich so weit weg wohne, in Hamburg, nicht wahr?"

Isabella nickte.

„Kindern und Jugendlichen wird dauernd beigebracht, nie jemandem zu sagen, dass sie alleine zu Hause sind, tun es jedoch ständig - online! Und die, die dich aushorchen wollen, tun es so unauffällig, dass du nichts davon bemerkst. Ich hoffe, dass du daraus gelernt hast und demnächst vorsichtiger bist!"

Isabella schluckte. „Das werd ich," meinte sie verlegen.

Herr Heggenberger: „Als ERASER bleibe ich aber dein Freund, oder?"

Isabella schwieg.

| Deutsch | Name:_____ | Datum: _____ | |

# Gefährlicher Leichtsinn:
# Aufgaben zum Text

## Aushorchen – ohne Argwohn zu erwecken

Ergänze Antworten bzw. Fragen aus dem Text und eigene!

**Interesse heucheln**

- Wohnst doch in einer sicheren Gegend?
- In welchem Team spielst du?
- Stehst du im Tor?

_____

_____

_____

_____

**Zu viel verraten!**

_____

_____

_____

- Ich spiele in der Schule Mädchenfußball.
- Meine Glückszahl ist die 8: Siehe Trikot!
- Meine Schule ist die tolle Scheyerer.
- Nur donnerstags bis 17 Uhr 30.

## Alles klar?

- Wer ist ERASER?

_____

- Warum gibt er sich als Kind/Jugendlicher aus?

_____

- Warum fühlte sich Isabella beim Chatten mit ERASER sicher?

_____

- Würdest du an Isabellas Stelle ERASERS Freund bleiben?

_____

## STOP: Coole Chatregeln

| S | scr | Verrate nie _____ |
| T | ttfe | Beende den Chat, wenn _____ |
| O | oic | Vertraue dich _____ |
| P | pmigbom | Erst _____, dann _____! |

| Deutsch | Lösung |
|---------|--------|

## Gefährlicher Leichtsinn: Aufgaben zum Text

Weitere Aufgaben zu diesem Text in: Textknacker 5./6. Jahrgangsstufe, pb-Verlag

### **Aushorchen** – ohne Argwohn zu erwecken

Ergänze Antworten bzw. Fragen aus dem Text und eigene!

**Interesse heucheln**

- Wohnst doch in einer sicheren Gegend?
- In welchem Team spielst du?
- Stehst du im Tor?

Treibst du Sport?

Meine Glückszahl ist drei.

Meine Schule ist schrecklich!

Spielst du jeden Tag Fußball?

**Zu viel verraten!**

Ich wohne in ...

Wir sind die xy ...

Ich bin Verteidiger ...

- Ich spiele in der Schule Mädchenfußball.
- Meine Glückszahl ist die 8: Siehe Trikot!
- Meine Schule ist die tolle Scheyerer.
- Nur donnerstags bis 17 Uhr 30.

### **Alles klar?**

- Wer ist ERASER?

Ein Polizeibeamter, der sich als Kind ausgibt.

- Warum gibt er sich als Kind/Jugendlicher aus?

Um Kindern deren Leichtsinn zu zeigen

- Warum fühlte sich Isabella beim Chatten mit ERASER sicher?

Er ist gleichaltrig und wohnt weit weg.

- Würdest du an Isabellas Stelle ERASERS Freund bleiben?

<Meinung>, weil ...

### STOP: Coole Chatregeln

| | | |
|---|---|---|
|  **S** | scr | Verrate nie Persönliches (Name, Alter, Adresse ...) |
|  **T** | ttfe | Beende den Chat, wenn etwas seltsam erscheint. |
|  **O** | oic | Vertraue dich im Zweifel Erwachsenen/Freunden an! |
|  **P** | pmigbom | Erst denken , dann chatten (reden) ! |